WLADIMIR SOLOWJEW
KURZE ERZÄHLUNG VOM ANTICHRIST

WLADIMIR SOLOWJEW

KURZE ERZÄHLUNG VOM ANTICHRIST

ÜBERSETZT UND ERLÄUTERT
VON LUDOLF MÜLLER

QUELLEN UND STUDIEN ZUR RUSSISCHEN GEISTESGESCHICHTE
HERAUSGEBER: LUDOLF MÜLLER
BAND 1

Bibliographische Information der Deutschen Bibliothek

Die Deutsche Bibliothek verzeichnet diese Publikation in der Deutschen Nationalbibliographie; detaillierte bibliographische Daten sind im Internet über http://dnb.dnb.de abrufbar.

11. überarbeitete Auflage 2019

Titelbild: Fresko von Luca Signorelli, Auftreten des Antichrist
Foto: akg-images
Gesamtherstellung: Paulinus Verlag, Trier
Druck: Krüger-Druck, Dillingen/Saar
ISBN 978-3-7902-1965-4

www.paulinus-verlag.de

VORWORT

Von den zahlreichen Werken des russischen Philosophen und Dichters Vladimir Solov'ev (Ssolowjów)[1] *hat die »Kurze Erzählung vom Antichrist« die weiteste Verbreitung und den größten Widerhall gefunden. Als sie im Jahre 1900, kurz vor dem Tode Solov'evs, zum ersten Mal erschien, wurde sie von einer fortschritts- und wissenschaftsgläubigen Generation zunächst mit Erstaunen und Befremden aufgenommen*[2]*. Aber die zahlreichen schweren Katastrophen, die das enthusiastisch begrüßte 20. Jahrhundert nur allzubald bringen sollte – Kriege und Revolutionen von nie gekanntem Ausmaß und schreckliche Manifestationen der Macht des Bösen in der Geschichte –, ließen das Verständnis für das apokalyptische Gemälde, das Solov'ev entworfen und als sein Vermächtnis hinterlassen hatte, wachsen, und seine Erzählung ist in den folgenden Jahrzehnten viel gelesen, nacherzählt und ausgedeutet, und sie ist in viele Sprachen übersetzt worden, auch ins Deutsche zu verschiedenen Malen.*

Vor mehr als 50 Jahren habe ich zum ersten Mal eine Übersetzung dieses kleinen Werkes veröffentlicht, 1947, im Verlag Hermann Rinn, München. Seit 1967 erscheint sie, jetzt in neunter Auflage, im Verlag Erich Wewel (Anm. d. R.: inzwischen 11. Auflage im Paulinus Verlag, Trier), der die »Deutsche Gesamtausgabe der Werke von Vladimir Solov'ev« in den Jahren 1953–1979 herausgegeben hat. Für jede Neuausgabe habe ich Übersetzung und Kommentar neu durchgesehen, die Übersetzung verbessert und den Kommentar ergänzt, so auch für die vorliegende neunte Auflage.

In den »Beilagen« (S. 49–62) bringe ich in chronologischer Reihenfolge einige Stücke aus literarischen Werken, Briefen und Gesprächen Solov'evs, die in den unmittelbaren Umkreis der Gedanken- und Bilderwelt der »Erzählung vom Antichrist« gehören und zum tieferen Verständnis dieser Erzählung beitragen können. Eine größere, umfassende Sammlung solcher Stücke findet sich in dem Band »Übermensch und Antichrist« (s. Literaturverzeichnis, S. 121).

Die Persönlichkeit und das Werk Solov'evs waren in seiner Heimat mehr als ein halbes Jahrhundert lang missachtet, verfemt, totgeschwiegen. Selbst sein Grabstein auf dem Friedhof des Novodevičij-Klosters in Moskau wurde verstümmelt. Seit etwa 1970 hat sich die Situation, zuerst zögernd, dann immer schneller und intensiver, grundlegend geändert. 1970 erschien in der »Philosophischen Enzyklopädie« (»Filosofskaja enciklopedija«) eines Moskauer Staatsverlages ein ausführlicher, sehr positiver Aufsatz über ihn, unterzeichnet von vier hochkompetenten und bekannten Philosophen (V. Asmus, E. Raškovskij, I. Rodnjanskaja, S. Choružij), der wie durch ein Wunder (durch Unachtsamkeit der Zensoren) die Zensur passierte. 1983 erschien nach langem Hin und Her eine kurze Biographie Solov'evs aus der Feder des bejahrten, hochangesehenen Philosophen Lósev, 1988 eine zweibändige Ausgabe seiner Werke. Damit war der Bann gebrochen. Es setzte jetzt in Russland eine wahre Solov'ev-Renaissance ein. Immer neue Ausgaben seiner Werke werden gedruckt, laufend erscheinen Bücher und wissenschaftliche und populäre Zeitschriftenartikel über ihn. Im Herbst 2000 fand in Moskau aus Anlass seines hundertsten Todestages ein großer internationaler Kongress über ihn statt. Eine neue historisch-kritische Gesamtausgabe seiner Werke und Briefe in 20 Bänden ist vom Institut für Philosophie der Russischen Akademie der Wissenschaften in Angriff genommen; die ersten zwei Bände sind im Jahre 2000 erschienen. Man nennt ihn den größten philosophischen Geist, den Russland hervorgebracht hat, ist stolz auf ihn und sucht bei ihm Weisung für die geistige Wiedergeburt und den künftigen Weg Russlands.

Dabei wird mit Freude und Dankbarkeit anerkannt, dass in den Jahrzehnten, als man in Sowjetrussland nicht über ihn reden und schreiben, ja ihn kaum lesen durfte, wir im Westen ihn gelesen und geschätzt, seine Werke übersetzt und kommentiert und in großen Ausgaben herausgebracht haben.

Wir meinen, dass seine Persönlichkeit und sein philosophisches, publizistisches und künstlerisches Werk, sein entschiedenes Eintreten für soziale und politische Gerechtigkeit, sein Leiden an den institutionellen Mängeln und an der konfessionellen Zerrissenheit der Christenheit, seine apokalyptische Unruhe über die zukünftigen Geschicke der Menschheit und sein fester Glaube, dass am letzten Ende aller Dinge, jenseits aller Katastrophen der Geschichte, doch der Tod in den Sieg verschlungen und Gott alles in allem sein wird (1 Kor 15,28.55) – wir meinen, dass dies alles auch für uns tiefe und bleibende Bedeutung hat.

Tübingen, Weihnachten 2001 LUDOLF MÜLLER

EINLEITUNG

Vladimir Solov'ev[3] *gehört mit Schelling und F. v. Baader, Newman und Kierkegaard zu den großen christlichen Denkern des 19. Jahrhunderts und mit Dostoevskij und Tolstoj zu den großen Russen der zweiten Hälfte jenes Jahrhunderts, die weit über die Grenzen Russlands hinaus gewirkt haben und noch immer wirken. Er hat Denkansätze der östlichen und der westlichen Theologie, der Gnosis und der Mystik, der pantheistischen und der rationalistischen Philosophie, des deutschen Idealismus und des naturwissenschaftlichen, soziologischen und politischen Denkens des 19. Jahrhunderts aufgenommen und sie vereint in seinem System einer »positiven christlichen Philosophie«, durch das er die ewige Wahrheit des Christentums in die ihr angemessene geistige Form bringen wollte.*

Er wurde am 16. (28.) Januar 1853[4] *in Moskau geboren.*

Sein Vater war Professor für russische Geschichte an der Moskauer Universität, sein Großvater orthodoxer Geistlicher. Aufgewachsen in der Tradition orthodoxer Frömmigkeit, wurde er als Gymnasiast zu einem eifernden Materialisten und kämpferischen Atheisten. Über die Philosophie, vor allem über die Begegnung mit Spinoza, Schopenhauer und Schelling, fand er aber früh zurück zum christlichen Glauben – zu einem Glauben, der zwar in seinem tiefsten Wesen der gleiche war wie der verlorene Glaube der Kindheit, der aber durch kritisches, philosophisches Denken und durch die Hereinnahme der positiven wissenschaftlichen Erfahrung des 19. Jahrhunderts geläutert, erweitert und vertieft worden war und der sich den intellektuellen Fragen und den politischen und sozialen Problemen des Jahrhunderts stellte. Von nun an war es Solov'evs Bestreben, »den Glauben der Väter zu rechtfertigen« (das heißt: ihn als den rechten, richtigen, wahren zu erweisen), indem er sich bemühte, »ihn auf eine neue Stufe des vernünftigen Bewusstseins zu erheben«[5]*.*

Diese neu gewonnene Weltanschauung der »positiven christlichen Philosophie« wollte Solov'ev zunächst als akademischer Lehrer vertreten und verkünden. Glänzende Examina versprachen eine glänzende akademische Laufbahn. Aber das philosophisch-theologische Denken Solov'evs ging über das Akademisch-Theoretische hinaus, es strebte danach, die All-Einheit, die er im Denken als das Wesen des Alls erfasste, auch im individuellen und sozialen Leben zu verwirklichen. In diesem Sinne trat er 1881, nach der Ermordung des Zaren Alexanders II., mit seiner öffentlich erhobenen Forderung nach Begnadigung der Mörder prophetisch auf. Aber seine Forderung fand kein Gehör; vielmehr sah er selbst sich genötigt, seinen akademischen Beruf aufzugeben. Er lebte von nun an sozial ungebunden, aber auch ungesichert als freier Schriftsteller recht und schlecht von sehr unregelmäßigen und meist ziemlich geringfügigen Einnahmen.

Die Krise des Jahres 1881 zeigte ihm auch die Schwäche der russischen Kirche, die bei ihrer engen Bindung an den absolutistischen Herrscher und den bürokratischen Staat nicht in der Lage war, ihre prophetische Aufgabe in dem Sinne zu erfüllen, wie Solov'ev es für richtig und geboten hielt. So wandte er sich in den folgenden Jahren stärker der römisch-katholischen Kirche zu, die mit ihrer größeren institutionellen Selbständigkeit und ihrer starken moralischen Kraft die christlichen Prinzipien klarer, mutiger und wirkungsvoller vertrat als die Orthodoxie und der Protestantismus. Er sah auch bei der römisch-katholischen Kirche schwere Fehler und Versäumnisse in der Vergangenheit und Mängel in der Gegenwart, aber gleichwohl erkannte er Rom als das traditionelle und legitime Zentrum der christlichen Welt an. Er forderte vom russischen Zaren als dem politischen Oberhaupt der rechtgläubigen Christenheit, dass er vor dem Nachfolger Petri in Rom das Knie beuge, und hoffte, dass sich dann auch der Protestantismus wieder mit der universalen Kirche vereinigen und dass das Judentum in dieser freien Theokratie die Erfüllung seiner messianischen Hoffnungen sehen und zu ihr stoßen werde. Aber der Zar dachte nicht daran, seine Knie vor dem Papst zu beugen, und die hundert Millionen Russen folgten Solov'ev nicht, wie er gehofft hatte, auf seinem Weg nach Rom. In Rom selbst und in Paris, von wo aus er im Jahre 1888 seine Ideen verkündete, fühlte er sich missverstanden. Man hielt ihn dort für einen Konvertiten; er aber wollte als Glied der östlich-orthodoxen Kirche sich »so eng an Rom anschließen, wie sein Gewissen es ihm erlaubte«[6]; er wollte gleichzeitig Glied der östlich-orthodoxen und der römisch-katholischen Kirche sein. Das war kirchenrechtlich unmöglich, da die beiden Kirchen durch das Schisma getrennt sind; aber kirchengeschichtlich war es von zukunftsweisender Bedeutung.

Als Solov'ev gegen Ende der achtziger Jahre sah, dass seine kirchenpolitischen Hoffnungen sich nicht erfüllten, nicht erfüllen konnten, verdüsterten sich seine Erwartungen für die Zukunft der Menschheit. Er verlor die Hoffnung, dass die Weltgeschichte sich in einem natürlichen Entwicklungsprozess hinüber entwickeln werde zum Reich Gottes, und sah die Menschheitsgeschichte in zunehmendem Maße als einen Scheidungsprozess an, an dessen Ende sich nur eine Minderheit zu Gott, zu Christus und zum Guten bekennen, die Mehrheit aber den Verführungen der Macht des Bösen erliegen werde. Unter Verzicht auf die konfessionelle Polemik und die utopischen Pläne der achtziger Jahre war er im letzten Jahrzehnt seines Lebens bemüht, durch theoretische Darlegung der theologischen und philosophischen Wahrheit, durch Entfaltung dessen, was das sittlich Gute ist, und durch eine Publizistik, die die Tagesfragen unter das Gericht der ewigen Wahrheit und des unbedingten Guten stellte, die Menschen dazu zu bringen, sich in Freiheit für (oder, wenn sie so wollen, auch gegen) Gott und die Wahrheit und das Gute zu entscheiden. Er starb am 31. Juli (13. August) 1900, erst siebenundvierzigjährig, erfüllt von apokalyptischen Erwartungen, denen er in seinem letzten Werk, der »Kurzen Erzählung vom Antichrist«[7], dichterischen Ausdruck verliehen hatte.

Diese Erzählung, die in diesem Buch in deutscher Übersetzung vorgelegt wird, ist ein Teil (etwa ein Sechstel, und zwar der Schluss) des letzten, in den Jahren 1899 und 1900 geschriebenen größeren Werkes von Solov'ev, der »Drei Gespräche über Krieg, Fortschritt und das Ende der Weltgeschichte mit Einschluss einer kurzen Erzählung vom Antichrist«.

Fünf Angehörige der höheren russischen Gesellschaft unterhalten sich in diesen »drei Gesprächen« an drei aufeinanderfolgenden

Tagen im April 1899 im Garten einer Villa an der Riviera, nicht weit von Nizza, über die im Titel des Buches genannten Themen.

Die Teilnehmer der Gespräche schildert Solov'ev in der Vorbemerkung zu seinem Dialog folgendermaßen: »ein alter, in Schlachten erprobter General; ein ›Mann des Rates‹[8], der sich von seinen theoretischen und praktischen Beschäftigungen mit Staatsangelegenheiten ausruht – ich werde ihn den Politiker nennen; ein junger Fürst, Moralist und Volksfreund[9], der verschiedene mehr oder weniger gute Broschüren über sittliche und gesellschaftliche Fragen herausgibt; eine Dame in mittleren Jahren, die sich für alles Menschliche interessiert; und noch ein Herr von unbestimmtem Alter und unbestimmter gesellschaftlicher Stellung nennen wir ihn Herrn Z.[10]«.

Die Hauptgegner in den Gesprächen sind der Fürst, der die Ansichten Lev Tolstojs, und Herr Z., der den Standpunkt Solov'evs vertritt. Es geht zunächst um die Frage, ob man dem Bösen mit Gewalt widerstehen dürfe. Bekanntlich hat Tolstoj diese Frage unter Berufung auf das bekannte Wort Jesu »Ihr sollt dem Bösen nicht mit Gewalt widerstreben« (Mt 5,39) mit Leidenschaft verneint, hat dementsprechend den Staat als Zwangsanstalt und den Krieg als Zwangsmaßnahme abgelehnt; er hat den Krieg als etwas absolut Böses und deshalb unter keinen Umständen zu Rechtfertigendes und den Kriegsdienst als etwas für einen Christen Unerlaubtes angesehen. Der General ist dadurch in seiner Berufsehre gekränkt, und es gelingt ihm, zusammen mit Herrn Z., zu beweisen, dass der Krieg zwar ein relativ, aber nicht ein absolut Böses sei, dass es unter bestimmten Umständen für den einzelnen wie für ein ganzes Volk sittliche Pflicht sein könne, dem Bösen in der Gestalt des Verbrechens eines einzelnen oder des Überfalles eines feindlichen Heeres mit Gewalt Widerstand zu leisten. Dieser Beweis ist das Ergebnis des ersten Gesprächs.

Im zweiten Gespräch zeigt nun aber der Politiker, dass der Krieg zwar früher seine Berechtigung gehabt habe und dass er sie bis zu einem gewissen Grade immer noch besitze, dass die Menschheit aber jetzt im Begriff sei, zu einem großen Körper, zum Weltreich der Kultur, zusammenzuwachsen, und dass deshalb das Zeitalter der Kriege, aufs Ganze gesehen, vorbei sei.

Im dritten Gespräch endlich zeigt Herr Z., dass auch das von dem Politiker schon für die nahe Zukunft erhoffte Weltreich der Kultur nicht ein Letztes, nicht das höchste Ideal sei, weil es ein Reich des Todes bleibe, und dass das wahre Ziel der Geschichte erst mit dem Sieg über den Tod in der allgemeinen Auferstehung erreicht werde, das heißt mit dem Anbruch des Reiches Gottes. In diesem dritten Gespräch nun geht es nicht ohne den Antichrist, von dem in den beiden ersten nicht die Rede war; denn es ist ja Solov'evs Überzeugung (mindestens in dieser dritten Periode seines Denkens), dass der Übergang aus der irdischen Geschichte in das Reich Gottes sich nicht in kontinuierlicher Entwicklung vollziehe, sondern unter schwerer Auseinandersetzung mit der Macht des Bösen, die sich gegen Ende der Geschichte in nie gekannter Größe zeigen werde. Schon gleich zu Beginn des dritten Gespräches, wo Herr Z. etwas von dem bevorstehenden Ende des historischen Prozesses sagt, ahnt der Fürst Böses. Er fragt Herrn Z.: »Wahrscheinlich werden Sie auch dem Antichrist Ihre Aufmerksamkeit zuwenden?« Herr Z. antwortet: »Gewiss, ihm gebührt hier die erste Stelle«. Daraufhin verlässt der Fürst die Gesprächsrunde, weil er es nicht für erlaubt hält, seine Zeit damit zu verschwenden, dass er über Dinge debattiert, »die höchstens noch für irgendwelche Papuas Bedeutung haben können«. Von Gewissensbissen über seine Unhöflichkeit geplagt, kommt er nach einer Weile aber doch zurück. Am Ende des dritten Gesprächs, nachdem Herr Z. in Auseinandersetzung mit dem Politiker und dem Fürsten die allgemeine Auferstehung als das Ziel der Geschichte verkündet hat, kommt die Rede wieder auf den Antichrist. Der Politiker möchte sein Porträt sehen, die Dame wenigstens erfahren, wozu er nötig sei, worin das Wesen seines Werkes bestehe und ob mit seinem baldigen Kommen zu rechnen sei. Herr Z. antwortet: »Nun, ich kann Ihrem Wunsch besser entsprechen, als Sie meinen. Vor einigen Jahren vermachte mir ein Studienfreund von der Akademie her, der dann Mönch wurde, auf dem Sterbebett ein von ihm stammendes Manuskript, das er sehr wert hielt, das er aber nicht drucken lassen wollte und auch nicht drucken lassen konnte. Es heißt: ›Kurze Erzählung vom Antichrist‹. Zwar hat dies Werk die Form einer ausgedachten Erzählung, eines im Voraus entworfenen historischen Gemäldes; aber trotzdem bringt es meines Erachtens alles, was man nach der Hl. Schrift, der kirchlichen Überlieferung und dem gesunden Menschenverstand mit der größten Wahrscheinlichkeit über diesen Gegenstand sagen kann.« Auch der Name dieses schriftstellernden Mönchs ist bezeichnend: Er heißt Pansophius (russisch: Pansofij) und ist ein Nachfahre russischer Geistlicher.[11] *Herr Z. entfernt sich für kurze Zeit, kommt mit dem Manuskript zurück und beginnt zu lesen.*

KURZE ERZÄHLUNG VOM ANTICHRIST

»Panmongolismus« Wort der Schrecken!
Doch mir gefällt der wilde Klang,
Als wolle Gott uns nun entdecken
Des letzten Schicksals schweren Gang[12].

DAME. Woher stammt dieses Motto?

HERR Z. Ich denke, der Verfasser der Erzählung hat es selbst gedichtet.[13]

DAME. Nun, so lesen Sie.[14]

HERR Z. *(liest)*: Das 20. Jahrhundert nach der Geburt Christi war die Epoche der letzten großen äußeren und inneren Kriege und politischen Umwälzungen. Die weit zurückliegende Ursache des größten unter den äußeren Kriegen war die geistige Bewegung des *Panmongolismus*, die schon gegen Ende des 19. Jahrhunderts in Japan entstanden war. Die nachahmungsflinken Japaner, die mit erstaunlicher Schnelligkeit und Gewandtheit die materiellen Formen der europäischen Kultur übernommen hatten, eigneten sich auch einige europäische Ideen von minderem Wert an. Da sie aus Zeitungen und Lehrbüchern der Geschichte erfahren hatten, dass es im Westen einen Panhellenismus, Pangermanismus, Panslawismus und Panislamismus[15] gab, verkündeten sie die große Idee des Panmongolismus, das heißt der Vereinigung aller ostasiatischen Völker unter japanischer Führung für den Entscheidungskampf gegen die Fremden, das heißt die Europäer. Unter Ausnutzung der Tatsache, dass Europa zu Beginn des 20. Jahrhunderts durch den letzten, entscheidenden Kampf mit der Welt des *Islams* beschäftigt war,[16] machten sie sich an die Verwirklichung des großen Planes: Zunächst besetzten sie Korea[17] dann aber auch Peking[18], wo sie mit Hilfe der chinesischen Fortschrittspartei die alte Mandschu-Dynastie stürzten[19] und sie durch eine japanische ersetzten. Auch die chinesischen Konservativen fanden sich bald damit ab. Sie begriffen, dass man von zwei Übeln besser das geringere auswählt und dass gleich und gleich sich schließlich doch gesellt. Die *staatliche* Selbständigkeit des alten China hatte sich sowieso nicht halten können, und China musste sich entweder den Europäern oder den Japanern beugen. Es war jedoch klar, dass die Herrschaft der Japaner zwar die ohnehin lebensunfähig gewordenen äußeren Formen der chinesischen Staatlichkeit aufheben, dabei aber die inneren Prinzipien des nationalen Lebens unangetastet lassen würde, während das Übergewicht der europäischen Mächte, die um der Politik willen die christlichen Missionare unterstützten, die tiefsten geistigen Grundlagen Chinas bedrohte.[20] Der frühere Nationalhass der Chinesen gegen die Japaner war in einer Zeit entstanden, als man im fernen Osten überhaupt noch keine Europäer kannte; nun aber, angesichts dieser Eindringlinge aus dem Westen, wurde die Feindschaft der zwei verwandten Nationen zum Bruderkrieg und verlor ihren Sinn. Die Europäer waren ganz Fremde, waren nur Feinde, und ihre Vorherrschaft konnte der völkischen Eigenliebe[21] der Chinesen mit nichts schmeicheln, während die Japaner die süße Lockspeise des Panmongolismus in den Händen hatten, der in den Augen der Chinesen auch gleichzeitig die traurige Notwendigkeit einer äußeren Europäisierung rechtfertigte. »Begreift es doch, ihr starrsinnigen Brüder«, so betonten die Japaner, »dass wir die Waffen der europäischen Hunde nicht übernehmen, weil wir eine besondere Zuneigung zu ihnen empfänden, sondern um sie mit eben diesen Waffen zu schlagen. Wenn ihr euch mit uns vereint und euch in Fragen der Praxis unserer Führung unterstellt, so werden wir die weißen Teufel[22] nicht nur schnell aus unserem Asien verjagen, sondern werden auch ihre eigenen Länder erobern und das wirkliche Reich der Mitte über den ganzen Erdkreis hin errichten. Ihr habt recht mit eurem Nationalstolz und mit eurer Verachtung der Europäer, aber es ist töricht, dass die Frucht dieser Gefühle bei euch nur Träumereien sind und nicht vernünftige Tätigkeit. Darin haben wir euch überflügelt, und hier müssen *wir* euch die Wege zu unserem gemeinsamen Nutzen weisen.[23] Wollt ihr aber nicht – so seht selbst, was sie euch eingebracht hat, eure Politik des Selbstvertrauens und des Misstrauens uns, euren natürlichen Freunden und Beschützern, gegenüber: Russland und England, Deutschland und Frankreich haben euch fast restlos untereinander aufgeteilt, und all eure tigerhaften Anschläge waren nichts als ein ohnmächtiges Gewedel mit dem Drachenschwanz.«[24] Die verständigen Chinesen fanden das begründet, und die japanische Dynastie fasste festen Fuß. Ihre erste Sorge war natürlich die Schaffung einer mächtigen Armee und Flotte. Ein großer Teil der japanischen Streitkräfte wurde nach China verlegt, wo sie die Kader einer neuen, riesigen Armee bildeten. Japanische Offiziere, die chinesisch konnten, wirkten als Instrukteure viel erfolgreicher als die nun entfernten Europäer, und in der zahllosen Bevölkerung Chinas und der Mandschurei, der Mongolei und Tibets fand sich taugliches Menschenmaterial in ausreichender Menge. Schon der erste Bogdo Khan[25] aus der japanischen Dynastie konnte eine erfolgreiche Waffenprobe des erneuerten Reiches machen, die Franzosen aus Tongking[26] und Siam[27] und die Engländer aus Burma[28] verdrängen und ganz Indochina in das Reich der Mitte eingliedern. Sein Nachfolger, mütterlicherseits ein Chinese, in dem sich chinesische Verschlagenheit und Geschmeidigkeit mit japanischer Energie, Beweglichkeit und Unternehmungslust verbanden, mobilisiert in Chinesisch-Turkestan eine Viermillionen-Armee, und während das Tsung-li-Yamen[29] dem russischen Botschafter die vertrauliche Mitteilung macht, dass diese Armee für die Eroberung Indiens bestimmt sei – bricht der Bogdo Khan in das russische Mittelasien ein, bringt hier die gesamte Bevölkerung in Aufruhr, überschreitet schnell den Ural und überschwemmt mit seinen Truppen ganz Ost- und Mittelrussland, während die russischen Truppen, die in überstürzter Eile mobilisiert werden müssen, einzeln aus Polen und Litauen, Kiev und Wolhynien, Petersburg und Finnland heranrücken.[30] Bei dem Fehlen eines vorher ausgearbeiteten Kriegsplanes und der ungeheuren zahlenmäßigen Überlegenheit des Gegners sichert der militärische Wert der russischen Truppen ihnen nur noch einen ehrenvollen Untergang. Die Schnelligkeit des Überfalls lässt keine Zeit für die notwendige Konzentration der Kräfte, und die einzelnen Korps werden in erbitterten und hoffnungslosen Kämpfen eins nach dem anderen vernichtet. Auch die Mongolen haben schwere Verluste, die sie jedoch leicht ersetzen können, da sie alle asiatischen Eisenbahnen in ihrer Gewalt haben, während die schon lange an den Grenzen der Mandschurei stehende, zweihunderttausend Mann starke russische Armee einen erfolglosen Versuch unternimmt, in das wohlgeschützte China einzubrechen. Zur Verhinderung neuer Truppenaufstellungen und zur Bekämpfung einer zunehmenden Zahl von Partisanenabteilungen[31] lässt der Bogdo Khan einen Teil seiner Streitkräfte in Russland zurück und überschreitet selbst mit drei Armeen die deutschen Grenzen. Hier hatte man Zeit zur Vorbereitung, und eine der mongolischen Armeen wird aufs Haupt geschlagen. Aber gleichzeitig gewinnt in Frankreich die Partei eines verspäteten Revanchismus die Oberhand,[32] und bald haben die Deutschen eine Million feindlicher Bajonette im Rücken.[33] Auf diese Weise zwischen Hammer und Amboss geraten, ist die deutsche Armee gezwungen, die ihr vom Bogdo Khan vorgelegten Bedingungen einer ehrenvollen Kapitulation anzunehmen. Die triumphierenden Franzosen verbrüdern sich mit den Gelbgesichtern, ergießen sich über ganz Deutschland und verlieren rasch jede Vorstellung von militärischer Disziplin.[34] Der Bogdo Khan befiehlt seinen Truppen, die nunmehr überflüssig gewordenen Verbündeten abzuschlachten, was mit chinesischer Akkuratesse ausgeführt wird. In Paris erheben sich die Arbeiter *sans patrie*, und die Hauptstadt der westlichen Kultur öffnet dem Herrscher des Ostens freudig die Tore.[35] Nach Befriedigung seiner Neugier zieht der Bogdo Khan nach Boulogne sur Mer, wo unter dem Schutz der Flotte, die aus dem Stillen Ozean herbeigekommen ist, Transportschiffe für die Invasion nach Großbritannien vorbereitet werden. Aber er braucht Geld, und die Engländer kaufen sich für eine Milliarde Pfund los. Nach einem Jahr erkennen alle europäischen Staaten die Oberhoheit des Bogdo Khan an, und unter Zurücklassung einer hinreichend starken Besatzungsarmee in Europa kehrt dieser in den Osten zurück und unternimmt Flottenexpeditionen gegen Amerika und Australien. Ein halbes Jahrhundert lastet das neue Mongolenjoch auf Europa.[36]

In geistiger Hinsicht ist diese Epoche dadurch gekennzeichnet, dass sich die europäischen und die östlichen Ideen allseitig vermischen und einander tief durchdringen; der alte alexandrinische Synkretismus wiederholt sich *en grand*.[37] In der Sphäre des praktischen Lebens sind drei Erscheinungen besonders charakteristisch.

Europa wird überschwemmt von chinesischen und japanischen Arbeitskräften, wodurch die sozialökonomische Frage sich wesentlich verschärft; die führenden Klassen versuchen weiterhin, diese Frage durch eine Reihe von Palliativmaßnahmen zu lösen, und endlich entfalten geheime gesellschaftliche Organisationen eine verstärkte internationale Tätigkeit und bilden eine umfassende gesamteuropäische Verschwörung mit dem Ziele der Vertreibung der Mongolen und der Wiederherstellung der europäischen Unabhängigkeit. Diese kolossale Verschwörung, an der auch die einzelnen Nationalregierungen Anteil nehmen, soweit das unter der Kontrolle der Statthalter des Bogdo Khan möglich ist, wird meisterhaft vorbereitet und gelingt glänzend. Zur festgesetzten Zeit beginnt die Niedermetzelung der mongolischen Soldaten und die Ermordung und Vertreibung der asiatischen Arbeiter. Überall tauchen geheime Kader europäischer Heere auf, und nach einem lange vorher aufgestellten, bis in alle Einzelheiten gehenden Plan vollzieht sich die allgemeine Mobilmachung. Der neue Bogdo Khan, ein Enkel des großen Eroberers, eilt aus China nach Russland, doch hier werden seine unermesslichen Heerhaufen durch eine alleuropäische Armee geschlagen. Die versprengten Reste kehren ins Innere Asiens zurück, und Europa wird frei.[38]

War die fünfzigjährige Herrschaft der asiatischen Barbaren über Europa hereingebrochen infolge der Uneinigkeit der Staaten, die alle nur an ihre nationalen Sonderinteressen gedacht hatten, so gelang die große und herrliche Befreiung durch die internationale Organisation der vereinigten Kräfte der gesamten europäischen Bevölkerung. Als natürliche Folge dieser augenfälligen Tatsache verliert die alte, traditionelle Ordnung der einzelnen Nationen überall ihre Bedeutung, und fast durchweg verschwinden die letzten Reste der alten, monarchischen Institutionen.[39] Europa ist im einundzwanzigsten Jahrhundert ein Bund von Völkern, die alle mehr oder weniger demokratisch regiert werden – die Vereinigten Staaten von Europa. Die äußere Kultur, die durch den Mongolenüberfall und den Freiheitskampf in mancher Hinsicht zurückgegangen war, macht nun wieder rasche Fortschritte. Doch die Gegenstände des inneren Bewusstseins – die Fragen nach Leben und Tod, nach dem endgültigen Schicksal der Welt und des Menschen – sind durch eine Vielzahl neuer physiologischer und psychologischer Forschungen und Entdeckungen nur noch verwickelter und verwirrter geworden und harren nach wie vor ihrer Lösung. Nur ein wichtiges negatives Resultat tritt mit immer größerer Klarheit hervor: der endgültige Zusammenbruch des theoretischen Materialismus. Die Vorstellung, dass das All ein System tanzender Atome und das Leben das Resultat einer mechanischen Häufung kleinster Veränderungen der Materie sei – eine solche Vorstellung befriedigt keinen denkenden Geist mehr.[40] Über diese Stufe des philosophischen Kindesalters ist die Menschheit endgültig hinausgewachsen. Doch andererseits wird klar, dass sie auch die kindliche Fähigkeit eines naiven Glaubens, eines Glaubens, der keine Rechenschaft fordert, verloren hat. Begriffe wie die von einem Gott, der die Welt *aus dem Nichts geschaffen* habe, und so weiter, werden nicht einmal mehr in den Grundschulen gelehrt.[41] In den Vorstellungen von diesen Gegenständen des Glaubens ist ein allgemeines Niveau von einer gewissen Höhe erarbeitet, unterhalb dessen kein Dogmatismus mehr bestehen kann.[42] Und wenn die gewaltige Mehrheit der denkenden Menschen überhaupt ungläubig bleibt, so werden die wenigen Gläubigen notwendigerweise auch alle zu *denkenden* Menschen, in Erfüllung der Vorschrift des Apostels: Seid Kinder am Herzen, aber nicht am Verständnis.[43]

In dieser Zeit war unter den wenigen gläubigen Spiritualisten[44]. ein bemerkenswerter Mensch – viele nannten ihn einen Übermenschen[45] –, der gleich weit entfernt war von der Kindlichkeit des Verständnisses wie von der des Herzens. Er war noch jung, aber dank seiner hohen Genialität war er mit seinen kaum dreiunddreißig Jahren[45a] durch seine philosophische, schriftstellerische und soziale Tätigkeit schon weithin berühmt geworden. Aus dem Bewusstsein der ihm innewohnenden großen Geisteskraft war er stets überzeugter Spiritualist, und sein klarer Geist wies ihn immer auf die Wahrheit dessen, woran man glauben muss: an das Gute, an Gott, an den Messias.[46] Daran *glaubte* er, aber er *liebte* nur *sich allein*. Er glaubte an Gott, aber ohne es zu wollen und ohne sich darüber klar zu sein, zog er in der Tiefe seiner Seele sich Ihm vor.[47] Er glaubte an das Gute, doch das alles sehende Auge der Ewigkeit wusste, dass dieser Mensch sich vor der Macht des Bösen beugen werde, sobald diese ihn erkaufen würde[48] – nicht mit dem Trug der Sinne und niedriger Leidenschaften, ja nicht einmal mit der so überaus verführerischen Lockspeise der Macht, sondern allein durch eine maßlose Eigenliebe.[49] Übrigens war diese Eigenliebe weder ein dunkler Instinkt noch eine unsinnige Anmaßung. Außer seiner einzigartigen Genialität, seiner Schönheit und seinem Seelenadel rechtfertigten die glänzendsten Beweise der Enthaltsamkeit, der Uneigennützigkeit und aktiver Wohltätigkeit doch wohl hinreichend die gewaltige Eigenliebe des großen Spiritualisten, Asketen und Philanthropen. Und kann man es ihm zum Vorwurf machen, dass er, so reich beschenkt mit Gottes Gaben, sie als Zeichen dafür nahm, dass Gott ein besonderes Wohlgefallen an ihm habe, dass er sich für den Zweiten nach Gott hielt, für den in seiner Art einzigen Sohn Gottes? Mit einem Wort – er hielt sich für das, was in Wirklichkeit Christus war. Doch dieses Bewusstsein seiner höheren Würde empfand er nun nicht als sittliche Verpflichtung gegen Gott und Welt, sondern als sein Recht und seinen Vorzug vor den Anderen,[50] besonders aber vor Christus. Anfangs stand er auch Jesus nicht feindlich gegenüber. Er erkannte Seine messianische Bedeutung und Würde an, aber im Grunde sah er in Ihm nur seinen größten Vorgänger[51] – die sittliche Tat Christi und Seine absolute Einzigkeit waren diesem durch Eigenliebe verfinsterten Geiste unverständlich. Er urteilte so: »Christus ist vor mir gekommen; ich erscheine als Zweiter; nun ist aber das, was in der Ordnung der Zeit später erscheint, dem Wesen nach das Erste. Ich komme als Letzter, am Ende der Geschichte, eben weil ich der vollkommene, endgültige Erlöser bin. Jener Christus war mein Vorläufer. Seine Berufung war, mein Erscheinen vorher zu verkünden und vorzubereiten.«[52] Und in diesem Gedanken wird der große Mensch des 21. Jahrhunderts all das auf sich anwenden, was im Evangelium über das zweite Kommen gesagt ist,[53] indem er dies nicht als Wiederkunft desselben Christus erklärt, sondern als die Ersetzung des vorläufigen Christus durch den endgültigen, für den er sich selbst hält.

In diesem Stadium ist der Mensch der Zukunft[54] noch eine wenig charakteristische und nicht sehr originale Erscheinung. Denn in ähnlicher Weise betrachtete zum Beispiel Muhammed, der doch ein rechtschaffener Mann war und den man keiner bösen Absicht zeihen kann, sein Verhältnis zu Christus.[55]

Dass er aus Eigenliebe sich selbst den Vorzug vor Christus gibt, wird dieser Mensch noch mit folgender Erwägung rechtfertigen: »Christus, der das sittlich Gute predigte und in seinem Leben darstellte, war ein *Besserer* der Menschheit, ich aber bin berufen, der *Wohltäter* dieser teils gebesserten, teils aber unverbesserlichen Menschheit zu sein. Ich werde allen Menschen alles geben, was sie brauchen. Als Moralist trennte Christus die Menschen durch die Unterscheidung von Gut und Böse, ich werde sie vereinigen durch die Güter, deren Gute und Böse in gleicher Weise bedürfen.[56] Ich werde der wirkliche Vertreter des Gottes sein, der seine Sonne auf gehen lässt über die Guten und über die Bösen und regnen lässt über Gerechte und Ungerechte.[57] Christus brachte das Schwert,[58] ich bringe den Frieden. Er drohte der Erde mit dem schrecklichen Jüngsten Gericht.[59] Aber der letzte Richter werde ja ich sein, und mein Gericht wird nicht ein Gericht der bloßen Gerechtigkeit, sondern ein Gericht der Gnade sein. Auch Gerechtigkeit wird in meinem Gericht sein, aber nicht die vergeltende Gerechtigkeit, sondern eine verteilende Gerechtigkeit. Ich unterscheide sie alle und gebe jedem das, was er braucht.«[60]

Und in dieser wundervollen Stimmung wartet er nun auf irgendeinen klaren Ruf Gottes zum Werk der neuen Erlösung der Menschheit, auf irgendeine deutliche und schlagende Bezeugung dessen, dass er der ältere Sohn, der geliebte Erstling Gottes sei. Er wartet und nährt sein Selbst mit dem Bewusstsein seiner übermenschlichen Tugenden und Begabungen – denn, wie gesagt, er ist ein Mensch von untadeliger Sittlichkeit und ungewöhnlicher Genialität.

So wartet der stolze Gerechte der höheren Sanktion, seine Erlösung der Menschheit zu beginnen – doch er wartet vergebens. Er hat die Dreißig schon überschritten, noch drei Jahre vergehen.[61] Und da blitzt es in seinem Geiste auf, und wie ein heißer Schauder jagt ihm der Gedanke durch Mark und Bein: »Wenn aber doch? ... Wenn nun nicht ich, sondern dieser ... Galiläer[62] ... Wenn Er nun doch nicht mein Vorläufer wäre, sondern der Wirkliche, der Erste und der Letzte? Aber dann müsste Er ja *leben*[63]... aber wo ist Er denn? ... Wenn Er nun plötzlich zu mir käme ... jetzt, hier ... Was sollte ich Ihm sagen? Beugen müsste ich mich ja vor Ihm wie der letzte dumme Christ, wie irgend so ein russischer Mushik sinnlos murmeln: Herr Jesus Christus, sei mir Sünder gnädig oder mich mit ausgebreiteten Armen hinwerfen wie ein polnisches Bauernweib? Ich, der lichte Genius, der Übermensch. Nein, nie!« Und an Stelle der früheren, vernünftig-kalten Achtung gegen Gott und Christus entsteht und wächst jetzt in seinem Herzen zuerst eine Art Schrecken, dann aber ein brennender *Neid*, der sein ganzes Wesen erdrückt und einschnürt, und ein greller Hass, der ihm den Atem abpresst. »Ich, ich, und nicht Er! Er ist nicht unter den Lebenden, ist es nicht und wird es nicht sein. Er ist nicht auferstanden, ist nicht auferstanden, ist nicht auferstanden![64] Verfault, verfault ist er im Grab, verfault wie die letzte ...« Und mit Schaum vor dem Munde,[65] in krampfhaften Sprüngen, rennt er aus dem Hause, aus dem Garten und läuft hinein in die öde, schwarze Nacht auf felsigem Pfade ... Seine Wut legte sich und wich einer Verzweiflung, die trocken und schwer war wie diese Felsen, finster wie diese Nacht. An einer senkrecht abfallenden Wand blieb er stehen und hörte ganz aus der Tiefe einen Wildbach über die Steine rauschen. Eine unerträgliche Seelenqual bedrückte sein Herz. Plötzlich regte sich etwas in ihm. »Soll ich Ihn rufen, fragen, was ich tun soll?«[66] Und inmitten der Dunkelheit erschien ihm eine Gestalt voller Sanftmut und Trauer. »Er bemitleidet mich ... Nein, niemals![66a] Er ist nicht auferstanden, ist nicht auferstanden.« Und er stürzte sich den Abhang hinab.[67] Aber etwas Elastisches, wie eine Wassersäule, hielt ihn in der Luft, er fühlte eine Erschütterung wie von einem elektrischen Schlage, und eine unsichtbare Kraft warf ihn zurück. Für einen Augenblick verlor er das Bewusstsein und fand sich plötzlich kniend, einige Schritte vom Abgrund entfernt. Vor ihm zeichneten sich die Umrisse einer in phosphorischem, nebelhaftem Glanz leuchtenden Figur, aus der zwei Augen mit unerträglich scharfem Blick seine Seele durchbohrten …

Er sieht diese zwei durchdringenden Augen und hört eine seltsame Stimme – er weiß nicht recht, kommt sie von außen oder von innen[68] –, sie klingt dumpf, gleichsam gedrückt, und gleichzeitig deutlich, metallisch und völlig seelenlos, wie aus einem Phonographen. Und diese Stimme sagt zu ihm: »Du bist mein lieber Sohn, an dem ich Wohlgefallen habe.[69] Warum hast du nicht mich aufgesucht? Wofür hast du *den* geehrt, den Hässlichen[70], und seinen Vater? Ich bin dein Gott und Vater. Und jener Bettler, der Gekreuzigte – mir ist er fremd und dir. Ich habe keinen anderen Sohn als dich. Du bist der Einzige, der Eingeborene, bist mir gleich.[71] Ich liebe dich und fordere nichts von dir.[72] Du bist auch *so* schön, groß, mächtig. Tu dein Werk in *deinem* Namen, nicht in meinem.[73] Ich kenne keinen Neid dir gegenüber. Ich liebe dich. Ich will nichts von dir. Der, den du für Gott hieltest, forderte von seinem Sohne Gehorsam, grenzenlosen Gehorsam, bis zum Tode am Kreuz,[74] und er half ihm nicht, als er am Kreuze hing.[75] Ich fordere nichts von dir, und ich werde dir helfen. Um deiner selbst willen, um deines eigenen Wertes und deiner Vorzüge willen, und weil ich dich in reiner, uneigennütziger Weise liebe, werde ich dir helfen. Nimm hin meinen Geist![76] Wie mein Geist dich früher in *Schönheit* gezeugt hat, so zeugt er dich jetzt in Kraft.«[77] Und bei diesen Worten des Unbekannten öffnete sich der Mund des Übermenschen wie von selbst,[78] die zwei durchdringenden Augen kamen seinem Gesicht ganz nahe, und er fühlte, wie ein scharfer, eisiger Strom in ihn einging und sein ganzes Wesen erfüllte.[79] Und gleichzeitig empfand er eine unerhörte Kraft, Munterkeit, Leichtigkeit und Wonne. Im gleichen Augenblick verschwanden plötzlich die leuchtende Gestalt und die zwei Augen, eine geheimnisvolle Kraft erhob den Übermenschen über die Erde und ließ ihn dann schnell in seinem Garten nieder, an der Tür seines Hauses.[80]

Am anderen Tag waren nicht nur die Besucher des großen Menschen, sondern sogar seine Diener[81] erstaunt über sein besonderes, gewissermaßen inspiriertes Aussehen. Ihr Staunen wäre aber noch größer gewesen, wenn sie hätten sehen können, mit welcher übernatürlichen Schnelligkeit und Leichtigkeit er, eingeschlossen in sein Arbeitszimmer, sein berühmtes Werk: »Der offene Weg zu Frieden und Wohlfahrt der Welt« schrieb.[82]

Die früheren Bücher und sozialen Betätigungen des Übermenschen hatten manche strenge Kritik erfahren, wenn auch meist von Seiten solcher Menschen, die besonders religiös waren und darum keinerlei Autorität besaßen – denn ich spreche ja von der Zeit des Kommens des Antichrist – so dass man ihnen keine große Beachtung schenkte, wenn sie in allem, was der »Mensch der Zukunft« schrieb und redete, Zeichen einer ganz außergewöhnlichen, hochgespannten Eigenliebe und Selbstschätzung und das Fehlen wahrer Einfachheit, Geradheit und Herzenswärme nachwiesen.

Doch durch sein neues Werk wird er sogar einige seiner früheren Kritiker und Gegner zu sich herüberziehen. Dies Buch, geschrieben nach dem Erlebnis am Abgrund, wird ihn im Besitz einer bis dahin unerhörten Kraft der Genialität zeigen. Das wird etwas Allumfassendes sein, wo alle Widersprüche versöhnt sind. Edle Ehrfurcht vor den alten Überlieferungen und Symbolen wird sich hier verbinden mit einem weiten und kühnen Radikalismus sozialpolitischer Forderungen und Weisungen, eine unbegrenzte Freiheit des Gedankens mit tiefstem Verständnis für alles Mystische, ein unbedingter Individualismus mit brennendem Eifer fürs Gemeinwohl, der erhabenste Idealismus der leitenden Prinzipien mit voller Bestimmtheit und Lebendigkeit der praktischen Lösungen.[83] Und all das wird mit einem so genialen Künstlertum vereinigt und verbunden sein, dass es jedem, der einseitig ist in seinem Denken und Handeln, leichtfallen wird, das Ganze nur unter seinem besonderen, ihm eigentümlichen Gesichtswinkel zu sehen und anzunehmen, ohne dass er der *Wahrheit selbst* irgendwelche Opfer zu bringen, ohne dass er sich um ihretwillen wirklich über sein Ich zu erheben, seiner Einseitigkeit *in der Tat* zu entsagen, ohne dass er die Fehler seiner Ansichten und Bestrebungen auszumerzen oder deren Unzulänglichkeit zu ergänzen brauchte.[84] Dieses erstaunliche Buch wird sofort in die Sprachen aller gebildeten und einiger ungebildeter Nationen übersetzt werden. Tausende von Zeitungen aller Erdteile werden ein ganzes Jahr lang voll sein von Verlagsreklamen und begeisterten Besprechungen. Billige Ausgaben mit dem Porträt des Verfassers werden in Millionen von Exemplaren abgesetzt werden, und die gesamte Kulturwelt zu der in dieser Zeit fast die ganze Erdkugel gehören wird[85] – wird widerhallen vom Ruhm des Unvergleichlichen, Großen, Einzigen! Niemand wird Einwendungen erheben gegen dieses Buch, einem jeden wird es vorkommen als die Offenbarung der ganzen Wahrheit.[86] Allem Vergangenen wird hier in so vollkommenem Maße Gerechtigkeit widerfahren, alles Gegenwärtige wird so unvoreingenommen und allseitig bewertet, und eine bessere Zukunft wird der Gegenwart hier so anschaulich und greifbar nahegebracht werden, dass jeder sagen wird: »Ja, das ist es, was wir brauchen; das ist ein Ideal, und doch keine Utopie, ein Plan, und doch keine Chimäre!« Und der wunderbare Schriftsteller wird nicht nur alle hinreißen, sondern er wird einem jeden *angenehm* sein, so dass sich das Wort Christi erfüllen wird: »Ich bin gekommen in meines Vaters Namen, und ihr nehmet mich nicht an. So ein *Anderer* wird in *seinem eigenen* Namen kommen, den werdet ihr annehmen.«[87] Denn um *angenommen* zu werden, dazu muss man *angenehm* sein.

Zwar werden einige fromme Menschen bei allem Lobpreis dieses Buches wenigstens die Frage stellen, warum Christus in ihm nicht ein einziges Mal erwähnt sei, doch andere Christen werden ihnen erwidern: »Gott sei Dank! Denn wahrlich genug wurde in den vergangenen Jahrhunderten alles Heilige in Misskredit gebracht durch alle möglichen unberufenen Eiferer, und heutzutage muss ein tief religiöser Schriftsteller sehr auf der Hut sein. Und wenn der Inhalt des Buches durchdrungen ist vom wahrhaft christlichen Geiste tätiger Liebe und allumfassenden Wohlwollens – was wollt ihr noch mehr?«[88] Und alle werden dem zustimmen.[89]

Bald nach dem Erscheinen des »Offenen Weges«, der seinen Verfasser zum populärsten aller Menschen machte, die je auf der Welt erschienen sind, sollte in Berlin die internationale konstituierende Versammlung des Bundes der europäischen Staaten stattfinden. Dieser Bund war gegründet nach einer Reihe äußerer und innerer Kriege, die mit der Befreiung vom mongolischen Joch verbunden waren[90] und die Karte Europas beträchtlich verändert hatten. Jetzt drohte ihm Gefahr vom Zusammenstoß – nun nicht mehr von Nationen, sondern von politischen und sozialen Parteien. Die Lenker der Politik der europäischen Gemeinschaft, die dem mächtigen Bruderbund der Freimaurer angehörten,[91] spürten, dass der Gemeinschaft die Exekutivgewalt fehlte. Die mit solcher Mühe errungene europäische Einheit drohte jeden Augenblick wieder zu zerfallen. Im Bundesrat oder der Weltverwaltung *(Comité permanent universel)* herrschte keine Eintracht, weil man nicht alle Stellen mit wirklichen, in die Dinge eingeweihten Freimaurern hatte besetzen können. Unabhängige Glieder der Weltverwaltung bildeten miteinander Separatkonventionen, und es drohte neuer Krieg. Da beschlossen die »Eingeweihten«, die Exekutivgewalt in die Hände eines einzigen, mit reichlichen Vollmachten ausgestatteten Mannes zu legen. Hauptkandidat war ein heimliches Glied des Ordens – der »Mensch der Zukunft«[92]. Er war die einzige Persönlichkeit, die in der ganzen Welt einen hohen Ruf hatte. Von Beruf gelehrter Artillerist, seinen Vermögensverhältnissen nach Großkapitalist, stand er in freundschaftlichen Beziehungen zu allen Kreisen der Hochfinanz und des Militärs.[93] In einer anderen, weniger aufgeklärten Zeit hätte der Umstand, dass die Geschichte seiner Herkunft in tiefes Dunkel gehüllt war, gegen ihn gesprochen. Seine Mutter, eine Person von ziemlich lockeren Sitten, war auf beiden Hemisphären wohlbekannt, doch allzu viele und sehr verschiedene Männer konnten sich mit gutem Grund für seinen Vater halten.[94] Diese Umstände konnten nun freilich keinerlei Bedeutung haben in einem Jahrhundert, das so fortgeschritten war, dass ihm sogar beschieden war, das letzte zu sein. Der *Mensch der Zukunft* wurde fast einstimmig zum lebenslänglichen Präsidenten der Vereinigten Staaten von Europa gewählt; als er aber im ganzen Glanze seiner übermenschlichen, jugendlichen Schönheit und Kraft auf der Tribüne erschien und mit begeisterter Beredsamkeit sein universelles Programm entwickelte, da fasste die hingerissene und bezauberte Versammlung in einem Sturm des Enthusiasmus ohne Abstimmung den Beschluss, ihm durch seine Erwählung zum römischen Kaiser die höchste Ehre zuteil werden zu lassen.[95] Unter allgemeinem Jubel wurde der Kongress geschlossen, und der große Erwählte erließ ein Manifest, das also begann: »Völker der Erde! meinen Frieden gebe ich euch!«[96] Und es endete: »Völker der Erde! die Verheißungen[97] sind erfüllt. Der ewige Weltfriede ist gesichert. Jeder Versuch, ihn zu stören, wird sofort auf unüberwindlichen Widerstand stoßen. Denn von nun an gibt es auf der Erde eine Zentralgewalt, die stärker ist als die übrigen Gewalten im einzelnen oder in ihrer Gesamtheit. Und diese unüberwindliche, alles übersteigende Gewalt gehört mir, dem bevollmächtigten Erwählten Europas, dem Befehlshaber über alle Kräfte unseres Erdteils. Das internationale Recht hat endlich die Sanktion, die ihm bisher gefehlt hat. Und von nun an wird keine Macht sich erkühnen, ›Krieg‹, zu sagen, wenn ich sage: ›Friede‹. Völker der Erde! Friede sei mit euch!«[98] Dies Manifest tat die gewünschte Wirkung. Überall außerhalb Europas, besonders in Amerika, bildeten sich starke Reichsparteien,[99] die ihre Staaten zwangen, sich unter verschiedenen Bedingungen an die Vereinigten Staaten von Europa unter der Oberhoheit des römischen Kaisers anzuschließen. Nur hie und da in Asien und Afrika gab es noch unabhängige Stämme und Häuptlinge. Mit einer kleinen, aber erlesenen Armee aus russischen, deutschen, polnischen, ungarischen und türkischen Regimentern[100] macht der Imperator einen militärischen Spaziergang von Ostasien bis nach Marokko und unterwirft ohne viel Blutvergießen alle Widerstrebenden. In allen Ländern der beiden Erdteile setzt er als seine Statthalter europäisch gebildete, ihm ergebene einheimische Magnaten ein. In allen heidnischen Ländern wird er von der erstaunten und entzückten Bevölkerung zum obersten Gott ausgerufen.

Innerhalb eines Jahres wird die Weltmonarchie im eigentlichen und genauen Sinn des Wortes begründet. Die Keime des Krieges sind mit der Wurzel ausgerissen. Ein letztes Mal tritt die allgemeine Friedensliga noch zusammen,[101] und nach einer begeisterten Huldigung an den großen Friedensbringer löst sie sich, als überflüssig geworden, auf. Im neuen Jahr seiner Herrschaft erlässt der römische und Welt-Kaiser ein neues Manifest:

»Völker der Erde! Ich habe euch den Frieden versprochen, und ich habe ihn euch geschenkt. Aber nur durch Wohlstand wird der Friede schön. Wem im Frieden die Nöte der Armut drohen, dem wird auch der Friede nicht zur Freude. Kommet nun her zu mir alle, die ihr hungert und friert, ich will euch satt und warm machen.«[102] Und dann legt er seine Pläne einer einfachen und allumfassenden Sozialreform dar, wie er sie schon in seinem Werk angedeutet und womit er schon damals alle edlen und nüchternen Geister gefesselt hatte. Dank der Konzentrierung der Weltfinanzen und eines kolossalen Grundbesitzes in seiner Hand konnte er jetzt diese Reform durchführen – zur Zufriedenheit der Armen und ohne fühlbare Schädigung der Reichen. Jeder empfing nach seinen Fähigkeiten und jede Fähigkeit nach ihren Bemühungen und Verdiensten.[103]

Der neue Weltherrscher war vor allem ein mitleidsvoller Philanthrop – und nicht nur Philanthrop, sondern auch *Philozoe*.[104] Selbst vegetarisch lebend, verbot er die Vivisektion und unterstellte die Schlachthäuser einer strengen Aufsicht; die Tierschutzvereine wurden von ihm auf jede Weise gefördert. Wichtiger als diese Einzelheiten aber war die feste Herstellung der wichtigsten, grundlegenden Gleichheit für die gesamte Menschheit: der *Gleichheit des allgemeinen Sattseins*. Dies wurde durchgeführt im zweiten Jahr seiner Herrschaft. Die sozial-ökonomische Frage war endgültig gelöst. Wenn aber Sattsein das erste Interesse der Hungrigen ist, so wollen die Satten auch noch etwas anderes.

Sogar satte Tiere wollen gewöhnlich nicht nur schlafen, sondern auch spielen. Um so mehr die Menschheit, die *post panem* immer circenses, nach dem Brot Spiele gefordert hat.[105]

Der Kaiser und Übermensch wird begreifen, was seine Menge braucht. Zu der Zeit wird aus dem fernen Morgenland zu ihm nach Rom ein großer Wundertäter kommen,[106] eingehüllt in eine dichte Wolke seltsamer Fabeln und wilder Märchen. Nach Gerüchten, die unter den Neobuddhisten verbreitet sind, wird er göttlicher Herkunft sein: der Sonnengott Surya soll sein Vater und eine Flußnymphe seine Mutter sein.[107]

Dieser Wundertäter, mit Namen Apollonius[108], ein zweifellos genialer Mensch, halb Asiat und halb Europäer, katholischer Bischof in *partibus infidelium*[109], wird in erstaunlicher Weise die Beherrschung der letzten Ergebnisse der westlichen Wissenschaft und ihrer technischen Anwendung verbinden mit der Kenntnis alles wirklich Soliden und Bedeutenden in der traditionellen Mystik des Ostens und der Fähigkeit, dies praktisch nutzbar zu machen. Die Resultate einer solchen Vereinigung werden erstaunlich sein. Apollonius wird es unter anderem bis zu der halb wissenschaftlichen, halb magischen Kunst bringen, die atmosphärische Elektrizität nach seinem Willen herbeizuziehen und zu lenken, und im Volk wird man sagen, dass er *Feuer vom Himmel fallen lässt.*[110] Übrigens wird er, wenn er auch die Einbildungskraft der Menge durch verschiedene unerhörte Wundertaten erregt, seine Macht doch nicht vorzeitig zur Erreichung irgendwelcher Einzelziele missbrauchen. Und so wird dieser Mensch also zum großen Kaiser kommen, ihm als dem wahren Sohne Gottes huldigen,[111] wird erklären, dass er in den geheimen Büchern des Ostens direkte Weissagungen über ihn, den Kaiser, als den letzten Erlöser und Richter der Welt gefunden habe, und wird sich und seine ganze Kunst ihm zum Dienst anbieten. Der von ihm entzückte Kaiser wird ihn aufnehmen als Geschenk von oben, ihn mit prächtigen Titeln schmücken und sich fürder nicht mehr von ihm trennen. Und so werden die Völker der Erde, von ihrem Herrscher mit Wohltaten überhäuft, außer dem allgemeinen Frieden, außer dem allgemeinen Sattsein auch noch die Möglichkeit erhalten, sich beständig an den verschiedenartigsten und unerwartetsten Wundern und Zeichen zu ergötzen. So endete das dritte Jahr der Herrschaft des Übermenschen.

Nach der glücklichen Lösung der politischen und der sozialen erhob sich die religiöse Frage.[112] Sie wurde durch den Kaiser selbst aufgeworfen, und zwar galt es vor allem die Beziehung zum Christentum zu klären, das sich damals in folgender Lage befand: Bei einer sehr beträchtlichen Verringerung der Zahl seiner Anhänger auf der ganzen Erde gab es nur noch 45 Millionen[113] Christen – sammelte und konzentrierte es sich in sittlicher Hinsicht und gewann an Qualität, was es an Quantität verlor. Menschen, die durch keinerlei geistliches Interesse mit dem Christentum verbunden waren, zählten nicht weiter zu den Christen. Die verschiedenen Konfessionen verloren ziemlich gleichmäßig an Bestand, so dass ihr früheres zahlenmäßiges Verhältnis annähernd gewahrt blieb; was ihre Gesinnung zueinander betrifft, so wurde die alte Feindschaft zwar nicht durch eine völlige Aussöhnung überwunden, aber doch beträchtlich gemildert, und die Gegensätze verloren ihre frühere Schärfe. Das Papsttum war schon lange aus Rom vertrieben worden und hatte nach vielen Irrfahrten in Petersburg Zuflucht gefunden[114] unter der Bedingung, dass es sich hier und im ganzen Land der Propaganda zu enthalten habe. In Russland vereinfachte es sich beträchtlich. Ohne den wirklich notwendigen Bestand seiner Kollegien und Offizien zu verändern, musste es doch den Charakter ihrer Tätigkeit vergeistigen und auch sein prächtiges Ritual und Zeremoniell auf ein Minimum reduzieren. [115] Viele der seltsamen Gebräuche voll verführerischen Reizes wurden zwar formell nicht abgeschafft, kamen aber von selbst außer Gebrauch. In allen übrigen Ländern, besonders in Nordamerika[116], besaß die katholische Hierarchie noch viele Vertreter mit festem Willen und unermüdlicher Energie, die, unabhängig in ihrer Stellung, die Einheit der katholischen Kirche noch stärker als früher betonten und ihre internationale, kosmopolitische Bedeutung gewahrt wissen wollten. Was den Protestantismus angeht, an dessen Spitze weiterhin besonders nach der Vereinigung eines beträchtlichen Teiles der anglikanischen Kirche mit der katholischen[117] – Deutschland stand, so befreite er sich von seinen extremen, negativen Tendenzen[118] deren Anhänger offen zum religiösen Indifferentismus und Unglauben übergingen. Nur die wahrhaft Gläubigen blieben in der evangelischen Kirche, und an ihrer Spitze standen Männer, die umfassende Gelehrsamkeit mit tiefer Religiosität verbanden und immer stärker danach strebten, in sich ein lebendiges Abbild des echten Urchristentums neu erstehen zu lassen. Die russische Orthodoxie, deren offizielle Stellung sich infolge politischer Ereignisse verändert hatte,[119] verlor zwar viele Millionen ihrer scheinbaren, nominellen Glieder; dafür widerfuhr ihr aber die Freude, dass der beste Teil der Altgläubigen[120] und sogar viele Sektierer der positiv-religiösen Richtung sich mit ihr vereinigten. Ohne zahlenmäßig zu wachsen, wuchs diese erneuerte Kirche doch in der Kraft des Geistes; sie bewies diese Kraft besonders in dem inneren Kampf gegen extreme Sekten, die sich dem Dämonen und Teufelsdienst ergeben hatten und die im Volk und in der Gesellschaft um sich griffen.

Während der ersten zwei Jahre der neuen Herrschaft standen alle Christen, erschreckt und erschöpft durch die lange Reihe der vorangegangenen Revolutionen und Kriege, dem neuen Machthaber und seinen friedlichen Reformen teils mit freundlichem Abwarten, teils mit entschiedener Sympathie und sogar mit flammender Begeisterung gegenüber. Doch im dritten Jahr, mit dem Auftauchen des großen Magiers, entstanden bei vielen orthodoxen, katholischen und evangelischen Christen ernste Befürchtungen und Antipathien.[121] Die neutestamentlichen Texte, in denen vom Fürsten dieser Welt und vom Antichrist die Rede ist, wurden aufmerksamer gelesen und lebhaft kommentiert.[122] Aus einigen Anzeichen erahnte der Kaiser, dass sich hier ein Gewitter zusammenzog, und er entschloss sich, die Sache schnell zu klären. Zu Beginn des vierten Jahres seiner Herrschaft[123] erlässt er ein Manifest an alle seine treuen Christen ohne Unterschied der Konfession, in welchem er sie auffordert, bevollmächtigte Vertreter für ein ökumenisches Konzil, das unter seinem Vorsitz stattfinden solle, zu wählen oder zu bestimmen. Seine Residenz war zu jener Zeit von Rom nach Jerusalem verlegt worden.[124] Palästina war damals ein autonomes Gebiet, das vorwiegend von Juden bewohnt und regiert wurde.[125] Jerusalem war eine freie, wurde aber nun zur Kaiserstadt. Die christlichen Heiligtümer blieben unberührt, aber auf der ganzen weiträumigen Plattform des Haram esch-Scherif vom Birket Israin und der jetzigen Kaserne auf der einen bis zur Moschee el-Aksa und den »Ställen Salomos« auf der anderen Seite wurde ein riesiges Gebäude errichtet, das außer den zwei alten, kleinen Moscheen einen weiträumigen »kaiserlichen« Tempel für die Vereinigung aller Kulte und zwei üppige kaiserliche Schlösser mit Bibliotheken, Museen und besonderen Räumlichkeiten für magische Versuche und Übungen umfasste. In diesem Schloss-Tempel-Gebäude sollte am 14. September[126] das ökumenische Konzil eröffnet werden. Da die evangelische Konfession ein Priestertum[127] im eigentlichen Sinne nicht kennt, hatten sich, einem Wunsch des Kaisers entsprechend, die katholischen und orthodoxen Hierarchen entschlossen, zur Teilnahme am Konzil eine bestimmte Anzahl von Laien ihrer Konfession zuzulassen, die als fromme und den kirchlichen Interessen ergebene Männer bekannt waren.[128] Dadurch bekam die Vertretung aller Teile der Christenheit eine gewisse Gleichmäßigkeit; waren aber einmal Laien zugelassen, so war es unmöglich, die niedere Welt- und Klostergeistlichkeit auszuschließen. So überstieg die Gesamtzahl der Konzilsteilnehmer dreitausend, und rund eine halbe Million christlicher Pilger überflutete Jerusalem und ganz Palästina.

Unter den Gliedern des Konzils ragten drei besonders hervor.

Zunächst der Papst Petrus II., der gemäß dem Recht an der Spitze des katholischen Teils der Konzilsteilnehmer stand. Sein Vorgänger war auf dem Wege zum Konzil gestorben, in Damaskus war das Konklave zusammengetreten und hatte einstimmig den Kardinal Simone Barionini[129] gewählt, der als Papst den Namen Petrus annahm. Er war von einfacher Herkunft, stammte aus der Provinz Neapel und war als Karmeliterprediger bekanntgeworden; als solcher hatte er sich im Kampf mit einer dem Teufelsdienst ergebenen Sekte, die in Stadt und Umgebung von Petersburg um sich gegriffen und nicht nur Orthodoxe, sondern auch Katholiken zum Abfall verführt hatte, große Verdienste erworben. Später war er Erzbischof von Mogilev[130] und dann Kardinal geworden und schon im voraus für die Tiara bestimmt. Er war etwa fünfzig Jahre alt, von mittlerem Wuchs und kompaktem Körperbau, mit rotem Gesicht, Adlernase und dichten Brauen. Er war ein temperamentvoller, ungestümer Mensch, redete mit Feuer und schwungvollen Gesten und riss seine Zuhörer mehr hin, als dass er sie überzeugt hätte. Dem Weltherrscher stand der neue Papst mit Misstrauen und Abneigung gegenüber, besonders seit der verstorbene Papst bei seiner Abreise zum Konzil dem beharrlichen Drängen des Kaisers nachgegeben[131] und den kaiserlichen Kanzler und Weltreichsgroßmagier, den exotischen Bischof Apollonius, welchen Petrus für einen zweifelhaften Katholiken und einen unzweifelhaften Betrüger hielt, zum Kardinal ernannt hatte. Der wirkliche, wenn auch inoffizielle Führer der Orthodoxen war der Staretz[132] Johannes, eine im russischen Volk weitbekannte Persönlichkeit. Wurde er auch offiziell als Bischof »im Ruhestand« geführt, so lebte er doch nicht in einem Kloster, sondern pilgerte beständig kreuz und quer durchs Land. Verschiedene Legenden waren über ihn im Umlauf. Einige versicherten, er sei der wiedererstandene Fedor Kuź'mič, das heißt der Kaiser Alexander I., der rund 300 Jahre zuvor geboren war.[133] Andere gingen weiter und behaupteten, er sei wirklich der »greise Johannes«, das heißt der Apostel Johannes der Theologe, der niemals gestorben sei und sich in der letzten Zeit offen gezeigt habe[134]. Er selbst sagte nichts über seine Herkunft und seine Jugendzeit. Jetzt war er ein sehr alter, aber rüstiger Greis, Locken und Bart waren weiß in einer gelblichen und sogar grünlichen Schattierung, sein Wuchs war hoch und sein Leib mager, doch hatte er volle, leicht rötlich schimmernde Wangen, lebhaft blitzende Augen, und der Ausdruck seines Gesichts und seiner Rede war von einer rührenden Güte; gekleidet war er stets in ein weißes Priestergewand und eine Mantille[135]. An der Spitze der evangelischen Glieder des Konzils stand ein hochgelehrter deutscher Theologe, Professor Ernst Pauli[136]. Er war ein ausgetrockneter älterer Herr von kleinem Wuchs, mit riesiger Stirn, scharfer Nase und glattrasiertem Kinn. Seine Augen zeichneten sich durch einen eigenartigen, grimmig-gutmütigen Blick aus. Dauernd rieb er sich die Hände, wiegte den Kopf, bewegte die Brauen in furchteinflößender Weise und wölbte die Lippen nach vorn; dabei funkelte er mit den Augen und stieß unmutig abgerissene Laute hervor: so! nun! ja! so also![137] Er war feierlich gekleidet in weißer Halsbinde und langem Pastorenrock, der mit Orden geschmückt war. Die Eröffnung des Konzils vollzog sich in einem eindrucksvollen Akt. Zu zwei Dritteln war der riesige, der »Einheit aller Kulte« geweihte Tempel[138] mit Bänken und anderen Sitzgelegenheiten für die Konzilsmitglieder ausgefüllt, ein Drittel war eingenommen durch eine hohe Estrade, wo außer einem Thron für den Kaiser und einem etwas niedrigeren für den Großmagier, Kardinal und kaiserlichen Kanzler[139] Sesselreihen aufgestellt waren, hinten für Minister, Hofbeamte und Staatssekretäre, an den Seiten aber noch längere Sesselreihen, deren Bestimmung unbekannt war. Auf den Emporen befanden sich Musikorchester, und auf dem benachbarten Platz waren zwei Garderegimenter und eine Batterie für die Festsalven aufgestellt. Die Konzilsteilnehmer hatten ihre Gottesdienste in den verschiedenen Kirchen schon gehalten, und die Eröffnung des Konzils sollte von rein weltlichem Charakter sein. Als der Kaiser mit dem Großmagier und seinem Gefolge einzog und das Orchester den »Marsch der einigen Menschheit«[140] – die internationale Kaiserhymne – intonierte, erhoben sich alle Konzilsteilnehmer, schwenkten mit den Hüten und riefen dreimal laut: »Vivat! Hurra! Hoch!«

Der Kaiser trat neben den Thron, machte mit seiner Hand eine majestätisch-huldvolle Geste, und mit klangvoller und angenehmer Stimme hielt er folgende Ansprache: »Christen aller Richtungen! Meine geliebten Untertanen und Brüder! Seit Beginn meiner Herrschaft, die der Höchste mit so wunderbaren und herrlichen Werken gesegnet hat, hatte ich nie Anlass, mit euch unzufrieden zu sein; ihr habt eure Pflicht nach Glauben und Gewissen stets erfüllt. Doch das genügt mir nicht. Meine aufrichtige Liebe zu euch, geliebte Brüder, dürstet nach Erwiderung. Ich möchte, dass ihr nicht aus Pflichtgefühl, sondern aus dem Gefühl herzlicher Liebe mich anerkennt als euren wahren Führer in einem jeglichen Werke, unternommen zum Heile der Menschheit. Und so möchte ich nun über das hinaus, was ich für alle tue, euch besondere Huld erweisen. Christen, womit könnte ich euch glücklich machen? Was könnte ich euch geben nicht als meinen Untertanen, sondern als meinen Glaubensgenossen, meinen Brüdern? Christen! sagt mir, was euch das Teuerste ist am Christentum, damit ich meinen Bemühungen diese Richtung geben kann.« Er hielt inne und wartete. Im Tempel erhob sich ein dumpfes Gemurmel. Die Konzilsteilnehmer flüsterten miteinander. Papst Petrus setzte, lebhaft gestikulierend, seiner Umgebung etwas auseinander. Professor Pauli wiegte das Haupt und bewegte ingrimmig und hörbar die Lippen. Der Staretz Johannes neigte sich zu einem östlichen Bischof und einem Kapuziner hinab und redete leise auf sie ein.

Nachdem der Kaiser einige Augenblicke gewartet hatte, wandte er sich mit dem gleichen freundlichen Ton, in dem nun aber eine kaum spürbare ironische Note mitschwang, wieder an das Konzil. »Liebe Christen«, sagte er, »ich verstehe, wie schwierig für euch eine gemeinsame, bündige Antwort ist. Auch hierin will ich euch helfen. Unglücklicherweise seid ihr seit so unvordenklichen Zeiten in verschiedene Richtungen und Parteien auseinandergefallen, dass ihr vielleicht auch keinen gemeinsamen Gegenstand des Begehrens mehr habt. Wenn ihr aber untereinander nicht in Einklang kommen könnt, so hoffe ich, alle eure Parteien dadurch in Einklang zu bringen, dass ich ihnen allen gleiche Liebe erweise und die gleiche Bereitschaft, das wahre Streben einer jeden zu befriedigen. Liebe Christen! Ich weiß, dass für viele, und nicht die letzten unter euch das Teuerste am Christentum jene *geistliche Autorität* ist, die es seinen gesetzmäßigen Vertretern verleiht, natürlich nicht zu deren persönlichem Vorteil, sondern zum Heile aller; denn auf diese Autorität gründet sich die rechte geistliche Ordnung und die sittliche Disziplin[141], deren alle Menschen bedürfen. Liebe katholische Brüder! Oh, wie verstehe ich eure Ansicht, und wie gern möchte ich meine Macht auf die Autorität eures geistlichen Oberhauptes stützen! Damit ihr nun nicht denkt, dies sei Schmeichelei und leeres Gerede, erklären wir feierlich: Gemäß unserem unumschränkten Herrscherwillen wird der oberste Bischof aller Katholiken, der Papst von Rom, nun wieder eingesetzt auf seinem Stuhl in Rom mit allen früheren Rechten und Privilegien seines Standes und seiner Kathedra, die ihm von unseren Vorgängern, angefangen von Kaiser Konstantin dem Großen[142], jemals verliehen worden sind. Und von euch, meine katholischen Brüder, will ich dafür nichts weiter, als dass ihr mich aus tiefem Herzen als euren einzigen Fürsprecher und Beschützer anerkennt.[143] Wer von euch mich hier nach Gewissen und Gefühl als solchen anerkennt, der komme her zu mir.« Und er wies auf die leeren Plätze auf der Estrade. Und mit freudigen Ausrufen: »*Gratias agimus! Domine! salvum fac magnum imperatorem!*«[144] gingen fast alle katholischen Kirchenfürsten, Kardinäle und Bischöfe, ein großer Teil der gläubigen Laien und mehr als die Hälfte[145] der Mönche hinauf auf die Estrade und nahmen, nach einer tiefen Verbeugung in Richtung auf den Kaiser, auf ihren Sesseln Platz.[146] Doch unten, inmitten des Konzils, saß, aufrecht und unbeweglich wie eine Marmorstatue, Papst Petrus der Zweite auf seinem Platz. Seine ganze frühere Umgebung war auf der Estrade. Aber die gelichtete Schar der Mönche und Laien, die unten verblieben war, rückte zu ihm heran und Schloss sich zu einem engen Ring zusammen, und man hörte von dort ein verhaltenes Gemurmel: »*Non praevalebunt, non praevalebunt portae inferni.*«[147]

Nach einem erstaunten Blick auf den unbeweglich dasitzenden Papst erhob der Kaiser von neuem die Stimme: »Liebe Brüder! Ich weiß, dass es unter euch auch solche gibt, denen das Teuerste am Christentum dessen *heilige Überlieferung* ist, die alten Symbole, die alten Gesänge und Gebete, die Ikonen und der gottesdienstliche Ritus. Und in der Tat was könnte der religiös empfänglichen Seele teurer sein? So wisset denn, Geliebte, dass heute von mir ein Statut unterzeichnet worden ist und reiche Mittel bereitgestellt worden sind für ein Weltmuseum der christlichen Archäologie in unserer ruhmvollen Kaiserstadt Konstantinopel[148]. Hier sollen alle möglichen Denkmäler des kirchlichen, vorzüglich des östlichen Altertums gesammelt, erforscht und aufbewahrt werden, und euch bitte ich, morgen schon aus eurer Mitte eine Kommission zu wählen, die mit mir darüber beraten soll, welche Maßnahmen wir ergreifen müssen, um unser modernes Leben, unsere Sitten und Gebräuche so weit wie möglich der Überlieferung und den Bestimmungen der heiligen orthodoxen Kirche anzupassen! Meine orthodoxen Brüder! In wessen Herz dieser mein Wille Widerhall findet, wer mich aus dem Gefühl seines Herzens seinen wahren Führer und Herrn nennen kann,[149] der komme hier herauf.« Und ein großer Teil der Hierarchen des Ostens und des Nordens[150], die Hälfte der ehemaligen Altgläubigen und mehr als die Hälfte der orthodoxen Priester, Mönche und Laien gingen mit freudigen Ausrufen hinauf auf die Estrade, wobei sie einen schiefen Blick auf die stolz dort sitzenden Katholiken warfen.[151]

Doch der Staretz Johannes rührte sich nicht und seufzte laut. Und als der Haufe um ihn sich stark gelichtet hatte, verließ er seine Bank und setzte sich näher zu Papst Petrus und dessen Kreis.[152] Die übrigen Orthodoxen, soweit sie nicht auf die Estrade gegangen waren, folgten ihm.

Und wieder hub der Kaiser an: »Wohlbekannt sind mir auch solche unter euch, liebe Christen, denen das Teuerste am Christentum die persönliche Wahrheitsgewissheit und die freie Erforschung der Schrift ist. Wie ich darüber denke – das bedarf keiner Erörterungen. Ihr wisst vielleicht, dass ich schon in früher Jugend ein großes Werk über Bibelkritik geschrieben habe, um das es seinerzeit einigen Lärm gegeben und das mich zuerst bekannt gemacht hat. Und wohl in der Erinnerung hieran sendet mir nun dieser Tage die Universität Tübingen[153] ein Gesuch, ich möge von ihr das Diplom eines Ehrendoktors der Theologie entgegennehmen. Ich habe antworten lassen, dass ich die Ehrung mit Befriedigung und Dankbarkeit annehme. Und heute habe ich außer der Stiftungsurkunde des Museums für christliche Archäologie auch ein Dekret über die Gründung eines Weltinstituts für freie Erforschung der Heiligen Schrift von allen möglichen Seiten und in allen möglichen Richtungen[154] und für das Studium aller Hilfswissenschaften unterschrieben und ihm ein Jahresbudget von anderthalb Millionen Mark zugewiesen. In wessen Herz es Widerhall findet, dass ich euch so herzlich gewogen bin, und wer von euch mich aus reinem Gefühl als seinen souveränen Führer anerkennen kann,[155] den bitte ich hierher, zu dem neuen Doktor der Theologie.« Und der schöne Mund des großen Menschen verzog sich leicht zu einem seltsamen Lächeln. Mehr als die Hälfte der gelehrten Theologen bewegte sich zur Estrade, wenn auch nicht ohne zu zaudern und zu schwanken. Alle schauten auf Professor Pauli, der an seinem Sitz gleichsam festgewachsen war. Er senkte sein Haupt tief hinab, krümmte den Rücken und zog sich in sich zusammen.[156] Die gelehrten Theologen, die auf die Estrade hinaufgegangen waren, gerieten in Verwirrung; einer winkte plötzlich mit der Hand, sprang direkt hinunter, ohne die Treppe zu benutzen, und lief, leicht hinkend, zu Professor Pauli und der Minderheit, die bei ihm geblieben war.[157] Der hob seinen Kopf, stand mit einer etwas unsicheren Bewegung auf, ging, begleitet von den standhaft gebliebenen Glaubensgenossen, an den leer gewordenen Bänken vorbei und setzte sich näher an die Christen heran, die sich um den Staretz Johannes und den Papst Petrus gesammelt hatten.[158]

Die beträchtliche Mehrheit des Konzils, darunter fast die gesamte Hierarchie des Ostens und des Westens, befand sich auf der Estrade. Unten geblieben waren nur die drei Menschenhaufen, die sich um den Staretz Johannes, den Papst Petrus und den Professor Pauli drängten und enger zusammenrückten.

In traurigem Tonfall wandte sich der Kaiser an sie: »Was kann ich noch für euch tun? Seltsame Leute! Was wollt ihr von mir? Ich weiß es nicht. Sagt ihr es mir selbst, ihr Christen, die ihr verlassen seid von der Mehrheit eurer Brüder und Führer und verurteilt vom Volksempfinden: Was ist euch das Teuerste am Christentum?« Da erhob sich der Staretz Johannes wie eine weiße Kerze und antwortete sanftmütig: »Großer Herrscher! Das Teuerste am Christentum ist für uns Christus selbst – Er Selbst, und alles, was von Ihm kommt; denn wir wissen, dass in Ihm die ganze Fülle der Gottheit leibhaftig wohnt.[159] Aber auch von dir, Herrscher, sind wir bereit, jegliches Gute entgegenzunehmen, sobald wir in deiner freigebigen Hand die heilige Hand Christi erkennen. Und auf deine Frage, was du für uns tun kannst, ist dies unsere klare Antwort: Bekenne jetzt hier vor uns Jesus Christus, den Sohn Gottes, erschienen im Fleische, auferstanden und wiederkommend[160] – bekenne Ihn, und voller Liebe werden wir dich aufnehmen als den wahren Vorläufer Seiner Wiederkunft in Herrlichkeit.« Er verstummte und schaute dem Kaiser unverwandt ins Antlitz. Dem widerfuhr etwas Widerwärtiges. In ihm erhob sich ein so höllischer Sturm, wie er ihn in jener schicksalhaften Nacht erlebt hatte.[161] Er verlor vollkommen sein inneres Gleichgewicht und musste seine ganze Geisteskraft zusammennehmen, um nicht auch äußerlich die Selbstbeherrschung zu verlieren und sich vor der Zeit zu verraten.[162] Er machte unmenschliche Anstrengungen, um sich nicht mit wildem Geheul auf den Staretz zu stürzen und mit den bloßen Zähnen über ihn herzufallen. Plötzlich hörte er die bekannte, unirdische Stimme: »Schweige und fürchte nichts!«[163] Er schwieg. Nur sein Gesicht, das totenstarr und finster geworden war, verzerrte sich, und Funken sprühten aus seinen Augen. Inzwischen – schon während der Rede des Staretz Johannes – vollführte der Großmagier, der neben dem Kaiser saß, ganz eingehüllt in seine weite, dreifarbige, den

Kardinalspurpur verhüllende Mantille, unter ihr gewisse Manipulationen, seine Augen leuchteten vor innerer Konzentration, seine Lippen bewegten sich. Durch die geöffneten Fenster des Tempels sah man, wie eine ungeheure schwarze Wolke herbeikam, und bald war alles verfinstert. Der Staretz Johannes wandte seine erstaunten und erschrockenen Augen nicht ab vom Antlitz des schweigenden Kaisers, und plötzlich prallte er vor Schreck zurück und schrie, sich umwendend, mit gedrückter Stimme: »Kindlein der Antichrist!«[164] Da erdröhnte ein betäubender Donnerschlag, und gleichzeitig flammte im Tempel ein riesiger Kugelblitz auf und verhüllte den Staretz. Alles erstarrte für einen Augenblick, und als die betäubten Christen wieder zu sich kamen, lag der Staretz Johannes tot da.

Der Kaiser, bleich, aber ruhig, wandte sich zur Versammlung: »Ihr habt das Gottesgericht gesehen. Ich wollte niemandes Tod, aber mein himmlischer Vater rächt seinen geliebten Sohn.[165] Die Sache ist entschieden. Wer wird mit dem Höchsten streiten?[166] Sekretäre! Schreibt: Das ökumenische Konzil aller Christen hat, nachdem Feuer vom Himmel den unsinnigen Gegner der göttlichen Majestät zerschmettert hat, den machtvollen Kaiser von Rom und dem ganzen Erdkreis einstimmig als seinen obersten Führer und Herrn anerkannt.«[167] Plötzlich erscholl im Tempel ein einziges lautes und deutliches Wort: »*Contradicitur.*«[168] Papst Petrus der Zweite stand auf, und mit gerötetem Gesicht, am ganzen Leibe vor Zorn bebend, erhob er seinen Krummstab auf den Kaiser zu: »Unser alleiniger Herr ist Jesus Christus, der Sohn des lebendigen Gottes.[169] Wer du aber bist – du hast es gehört. Hinweg von uns, Kain, Brudermörder! Hinweg, Gefäß des Teufels! Durch die Macht Christi stoße ich, Diener der Diener Gottes, dich räudigen Hund auf ewig hinaus aus dem Garten Gottes und übergebe dich deinem Vater, dem Satanas![170] Anathema, anathema, anathema!« Während er sprach, machte der Großmagier unter seiner Mantille unruhige Bewegungen, und lauter als das letzte Anathema erdröhnte ein Donnerschlag, und der letzte Papst fiel leblos zu Boden.[171] »Also werden alle meine Feinde umkommen[172] von der Hand meines Vaters« sagte der Kaiser. »*Pereant, pereant*«[173] schrien die zitternden Kirchenfürsten. Er wandte sich um, und, sich stützend auf die Schulter des Großmagiers, schritt er, begleitet von seinem ganzen Haufen, langsam durch die Tür hinter der Estrade hinaus. Im Tempel blieben die beiden Toten und der eng geschlossene Kreis von Christen, die vor Furcht halbtot waren. Der einzige, der einen klaren Kopf behalten hatte, war Professor Pauli. Der allgemeine Schrecken hatte in ihm alle Kräfte des Geistes gleichsam geweckt. Auch äußerlich veränderte er sich – er bekam ein großartiges und begeistertes Aussehen. Mit sicheren Schritten ging er hinauf auf die Estrade, setzte sich auf einen der leergewordenen Plätze eines Staatssekretärs, nahm ein Blatt Papier und begann, etwas darauf zu schreiben. Nachdem er geendigt hatte, stand er auf und las mit lauter Stimme vor: »Zum Ruhme unseres alleinigen Erlösers Jesus Christus. Das in Jerusalem versammelte ökumenische Konzil der Kirchen Gottes fasst, nachdem unser allerseligster Bruder Johannes, der Vorsteher der östlichen Christenheit, den großen Betrüger und Feind Gottes dessen überführt hat, dass er der wirkliche, im Wort Gottes vorher verkündigte Antichrist ist, und nachdem unser allerseligster Vater Petrus, der Vorsteher der westlichen Christenheit,[174] ihn Gesetz- und ordnungsgemäß auf ewig aus der Kirche Gottes verstoßen hat – das Konzil fasst nun, vor den Leibern dieser zwei für die Wahrheit getöteten Zeugen Christi, den Beschluss: alle Gemeinschaft mit dem Verstoßenen und seiner greulichen Rotte abzubrechen und in die Wüste zu gehen, um dort die nun gewiss eintretende Wiederkunft unseres wahren Herrn Jesus Christus zu erwarten.«[175] Die Menge wurde von neuer Kraft beseelt, und es ertönten laute Stimmen: »*Adveniat! Adveniat cito!* Komm, Herr Jesu, komm! *Grjadi, Gospodi Iisuse!*«[176]

Professor Pauli schrieb hinzu und las vor: »Nach der einstimmigen Annahme dieses ersten und letzten Beschlusses des letzten ökumenischen Konzils unterschreiben wir mit unseren Namen« – und er machte der Versammlung ein aufforderndes Zeichen. Alle gingen eilig auf die Estrade und unterschrieben. Zum Schluss unterschrieb in großen gotischen Buchstaben: »*duorum defunctorum testium locum tenens Ernst Pauli.*«[177] »Jetzt gehen wir mit unserer Lade des letzten Bundes!« – sagte er, indem er auf die zwei Toten wies.

Die Leiber wurden auf Bahren gelegt. Langsam, unter dem Gesang lateinischer, deutscher und kirchenslawischer Hymnen schritten die Christen dem Ausgang des Haram esch-Scherif zu. Hier wurde der Zug aufgehalten durch einen vom Kaiser gesandten Staatssekretär in Begleitung eines Offiziers und eines Zuges der Garde. Die Soldaten hielten am Eingang, und von einem erhöhten Platz aus las der Staatssekretär vor: »Befehl der göttlichen Majestät: Zur Belehrung des christlichen Volkes und zu seiner Bewahrung vor übelgesinnten, Unruhe und Verführung stiftenden Menschen haben wir es für heilsam erachtet, die Leichname der zwei durch Feuer vom Himmel getöteten Empörer öffentlich auszustellen auf der Straße der Christen (Haret en-Nasara)[178] am Eingang des Haupttempels dieser Religion, der da heißt nach dem Grabe und nach der Auferstehung des Herrn, damit ein jeder sich überzeugen könne, dass sie wirklich tot sind. Ihre widerspenstigen Gesinnungsgenossen indessen, die alle unsere Wohltaten böswillig zurückweisen und in unsinniger Verblendung ihre Augen verschließen vor den klaren Zeichen der Gottheit selbst – sie werden durch unsere Barmherzigkeit und unsere Fürsprache vor dem himmlischen Vater von ihrem verdienten Schicksal dem Tode durch Feuer vom Himmel befreit, und es wird ihnen völlige Freiheit gelassen; nur um des Gemeinwohles willen wird es ihnen verboten, in Städten und anderen bewohnten Orten zu weilen, auf dass sie mit ihren bösen Anschlägen nicht unschuldige und einfältige Menschen verwirren und verführen.« Nachdem er geendet hatte, traten auf ein Zeichen des Offiziers acht Soldaten an die Bahren mit den Leibern der Toten heran.

»Es werde erfüllt, was geschrieben steht!«[179] – sagte Professor Pauli, und die Christen, welche die Bahren getragen hatten, übergaben sie wortlos den Soldaten, die sich durch den nordwestlichen Eingang entfernten; die Christen jedoch benutzten den nordöstlichen und entwichen, am Ölberg vorbei, eilig aus der Stadt, in Richtung Jericho[180], auf einem Wege, der vorsorglich durch Gendarmen und zwei Kavallerieregimenter von der Volksmenge gesäubert worden war. Auf den wüsten Höhen um Jericho wurde beschlossen, einige Tage zu warten. Am nächsten Morgen kamen aus

Jerusalem befreundete christliche Pilger und erzählten, was sich in Zion ereignet hatte: Nach einem Mahl bei Hofe wurden alle Konzilsmitglieder in den riesigen Thronsaal geladen, der um die Stelle gebaut war, an der Salomos Thron gestanden haben soll.[181] Hier wandte sich der Kaiser an die Vertreter der katholischen Hierarchie und erklärte ihnen, dass das Heil der Kirche von ihnen offensichtlich die sofortige Wahl eines Nachfolgers des Apostels Petrus verlange, dass nach den gegebenen Umständen die Wahl summarisch sein müsse, dass seine, des Kaisers Anwesenheit gewisse rituelle Unterlassungen reichlich aufwiege,[182] da er ja der Führer und Vertreter der gesamten christlichen Welt sei, und dass er im Namen aller Christen dem heiligen Kollegium vorschlage, seinen geliebten Freund und Bruder Apollonius zu wählen, damit aufgrund ihrer engen Beziehungen Kirche und Staat zum Heile beider sich fest und unauflöslich miteinander verbänden. Das heilige Kollegium begab sich zum Konklave in ein besonderes Gemach und kehrte nach anderthalb Stunden mit dem neuen Papst Apollonius zurück. Während die Wahl vollzogen wurde, hatte der Kaiser in einer schönen Rede voller Sanftmut und Weisheit die orthodoxen und die evangelischen Vertreter dazu überredet, angesichts der neuen großen Ära der Geschichte des Christentums den alten Hader zu beenden; er stehe mit seinem Wort dafür ein, dass Apollonius es verstehen werde, allen geschichtlich entstandenen Missbräuchen der päpstlichen Gewalt für immer ein Ende zu machen. Durch diese Rede überzeugt, hatten die Vertreter der Orthodoxie und des Protestantismus eine Urkunde über die Vereinigung der Kirchen aufgesetzt, und als Apollonius mit den Kardinälen unter freudigen Ausrufen der ganzen Versammlung im Thronsaal erschien, brachten ihm ein griechischer Bischof und ein evangelischer Pastor das Schriftstück dar.

»*Accipio et approbo et laetificatur cor meum*«[183] – sagte Apollonius, indem er das Dokument unterschrieb. »Ich bin ein ebenso wahrhaft orthodoxer und wahrhaft evangelischer Christ, wie ich wahrhafter Katholik bin«[184] – fügte er hinzu und wechselte mit dem Griechen und dem Deutschen den Bruderkuss. Dann trat er heran zum Kaiser, der ihn umarmte und ihn lange umfangen hielt. Da begannen seltsame leuchtende Punkte im Schloss und im Tempel in allen Richtungen umherzufliegen; sie wuchsen und verwandelten sich in lichte Formen seltsamer Wesen; es regnete Blumen, wie sie auf Erden nie gesehen waren, die die Luft mit einem unbekannten Duft erfüllten. Aus der Höhe erklangen hinreißende, Herz und Seele ergreifende Töne von bisher nie gehörten Musikinstrumenten, und unsichtbare Sänger priesen mit Engelstimmen die neuen Herrscher des Himmels und der Erde. Unterdessen ertönte ein schreckliches unterirdisches Lärmen in der nordwestlichen Ecke des mittleren Schlosses unter dem *Kubbet el-Aruach,* das heißt der *Kuppel der Seelen,* wo sich nach islamischen Überlieferungen der Eingang in die Unterwelt befindet.[185] Als die Versammlung sich auf die Aufforderung des Kaisers hin auf diese Seite begab, hörten alle deutlich zahllose feine und durchdringende Stimmen – halb klang es, wie von Kindern, halb, wie von Teufeln –, die schrien: »Die Zeit ist gekommen, lasst uns frei, ihr Erlöser, Erlöser!« Als aber Apollonius sich zum Felsen niederbeugte und in einer unbekannten Sprache dreimal etwas hinunterschrie, verstummten die Stimmen, und der unterirdische Lärm hörte auf. Inzwischen umlagerte eine unübersehbare Volksmenge von allen Seiten den Haram esch-Scherif. Bei Einbruch der Nacht trat der Kaiser, zusammen mit dem neuen Papst, auf die östliche Freitreppe hinaus und erregte einen »Sturm der Begeisterung«. Huldvoll grüßte er nach allen Seiten, während Apollonius aus großen Körben, die ihm von Diakonsdienste tuenden Kardinälen gereicht wurden, ununterbrochen großartige römische Kerzen, die sich durch die Berührung seiner Hand entzündeten, herausnahm und in die Luft warf, auch Raketen und Feuerfontänen, die als Phosphorperlen aufflammten oder in Regenbogenfarben erstrahlten; und all dies verwandelte sich bei der Berührung mit der Erde in zahllose verschiedenfarbige Blätter mit vollkommenem und absolutem Ablass für alle vergangenen, gegenwärtigen und zukünftigen Sünden.[186] Der Jubel des Volkes kannte keine Grenzen. Zwar behaupteten einige, sie hätten mit eigenen Augen gesehen, wie sich die Ablasszettel in ganz abscheuliche Kröten und Schlangen verwandelt hätten. Nichtsdestoweniger war die überwältigende Mehrheit in einem Taumel der Begeisterung, und die Volksfeste dauerten noch einige Tage,[187] wobei der neue Papst und Wundermann schließlich so wunderbare und unwahrscheinliche Dinge vollbrachte, dass der Versuch einer Wiedergabe eine völlig nutzlose Mühe wäre.

Zur gleichen Zeit ergaben sich die Christen bei den wüsten Höhen von Jericho dem Fasten und dem Gebet. Am Abend des vierten Tages, als es dunkel geworden war, drang Professor Pauli mit neun treuen Begleitern auf Eseln und mit einem Wagen heimlich in Jerusalem ein,[188] auf Nebenstraßen umgingen sie den Haram esch-Scherif, gelangten auf den Haret en-Nasara und kamen schließlich zum Eingang der Auferstehungskirche, wo die Leiber des Papstes Petrus und des Staretz Johannes auf dem Pflaster lagen. Die Straße war zu dieser Stunde menschenleer, die ganze Stadt war zum Haram esch-Scherif geströmt. Die Wachsoldaten lagen in tiefem Schlaf.[189] Professor Pauli und die mit ihm gekommen waren, die Leiber zu holen, fanden, dass diese von der Verwesung völlig unberührt geblieben, ja nicht einmal starr oder schwer geworden waren. Sie legten sie auf Bahren, brachten Mäntel heran und deckten sie damit zu und kehrten auf den gleichen Umgehungswegen zu den Ihren zurück; doch kaum hatten sie die Bahren auf die Erde gestellt, als der Geist des Lebens in die Toten zurückkehrte.[190] Sie regten sich, um die sie bedeckenden Mäntel von sich abzuwerfen. Mit freudigen Ausrufen eilten alle, ihnen zu helfen, und bald standen die beiden Wiederbelebten heil und unversehrt auf ihren Füßen.[191] Und der neu zum Leben erwachte Staretz Johannes begann: »Nun, Kindlein, seht: Wir haben uns also nicht voneinander getrennt. Und gebt acht, was ich euch jetzt sage: Es ist Zeit, dass das letzte Gebet Christi über Seine Jünger in Erfüllung gehe, dass sie Eins seien, gleich wie Er selbst mit dem Vater Eins ist.[192] Und so, Kindlein, geben wir um dieser Einheit in Christo willen unserem geliebten Bruder Petrus die Ehre. Er soll zum Schluss die Schafe Christi weiden.[193] So sei es, Bruder!« Und er umarmte den Petrus. Da trat Professor Pauli heran: »*Tu es Petrus*«[194] – wandte er sich an den Papst: »Jetzt ist es ja gründlich erwiesen und außer jeden Zweifel gesetzt.«[195] Und mit seiner Rechten drückte er fest dessen Hand, und die Linke reichte er dem Staretz Johannes mit den

Worten »So also, Väterchen, nun sind wir ja eins in Christo.« So vollzog sich die Vereinigung der Kirchen inmitten dunkler Nacht, an einem hochgelegenen und einsamen Ort.[196] Doch das Dunkel der Nacht wurde plötzlich durch einen hellen Glanz erleuchtet, und am Himmel erschien ein großes Zeichen: ein Weib, mit der Sonne bekleidet, und der Mond unter ihren Füßen, und auf ihrem Haupt eine Krone von zwölf Sternen.[197] Die Erscheinung[198] verharrte einige Zeit an der Stelle und bewegte sich dann langsam nach Süden. Papst Petrus erhob seinen Krummstab und rief: »Das ist unser Panier! Ihm gehen wir nach.« Und begleitet von den beiden Ältesten und der ganzen Christenschar ging er der Erscheinung nach zum Berge Gottes, zum Sinai ...[199]

(Hier hielt Herr Z. im Lesen inne.)

DAME. Wollen Sie denn nicht fortfahren?

HERR Z. Das Manuskript bricht hier ab. Der Vater Pansofij hat seine Erzählung nicht vollenden können. Als er schon krank war, hat er mir erzählt, was er weiterhin hatte schreiben wollen »sobald ich wieder gesund bin«. Er ist aber nicht mehr gesund geworden, und das Ende seiner Erzählung ist mit ihm im Danielskloster begraben.[200]

DAME. Aber Sie erinnern sich doch an das, was er Ihnen gesagt hat: So erzählen Sie!

HERR Z. Nur die Hauptzüge sind mir in Erinnerung geblieben. Nachdem die geistlichen Führer und Vertreter der Christenheit in die arabische Wüste gegangen waren, wo, aus allen Ländern zusammenströmend, Scharen der treuen Eiferer der Wahrheit zu ihnen stießen, konnte der neue Papst durch seine unerhörten Zeichen und Wunder alle übrigen, dem Antichrist weiterhin zujubelnden, oberflächlichen Christen verführen.[201] Er erklärte, er habe durch seine Schlüsselgewalt die Pforten zwischen der irdischen und der jenseitigen Welt geöffnet, und wirklich wurde der Verkehr von Lebendigen mit Toten sowie von Menschen mit Dämonen eine gewöhnliche Erscheinung, und es entwickelten sich neue, nie gekannte Arten der mystischen Unzucht und der Dämonolatrie[202]. Doch kaum hatte der Kaiser begonnen, sich auf dem nunmehr religiös untermauerten Boden sicher zu fühlen, und kaum hatte er, dem ständigen Drängen der geheimnisvollen »väterlichen« Stimme folgend, sich als die einzige wahre Verkörperung der höchsten, weltbeherrschenden Gottheit bezeichnet[203] – als ein neues Unheil über ihn hereinbrach, und zwar von einer Seite, von der es niemand erwartet hätte: Die Juden erhoben sich.

Diese Nation, die damals auf dreißig Millionen gewachsen[204] war, war nicht ganz unbeteiligt gewesen an der Vorbereitung und Festigung der Welterfolge des Übermenschen. Als er aber dann seine Residenz nach Jerusalem verlegt und dabei unter den Juden heimlich das Gerücht hatte verbreiten lassen, dass er die Aufrichtung der Weltherrschaft Israels als seine Hauptaufgabe betrachte, da hatten sie ihn als den Messias anerkannt, und ihre Begeisterung und Ergebenheit war ins Grenzenlose gestiegen.[205] Und plötzlich standen sie nun auf, zorn- und racheschnaubend. Diese Wendung, die in der Schrift und der Tradition unbezweifelbar vorausgesagt wird,[206] hat sich Vater Pansofij vielleicht allzu einfach und realistisch folgendermaßen vorgestellt: Die Juden, die den Kaiser für einen reinen Vollblutisraeliten gehalten hatten, sollten zufällig bemerkt haben, dass er nicht einmal beschnitten war. Am gleichen Tage war ganz Jerusalem und am folgenden ganz Palästina in Aufruhr. Die grenzenlose und glühende Ergebenheit, die sie dem Retter Israels, dem verheißenen Messias bisher dargebracht hatten, verwandelte sich in einen ebenso grenzenlosen und ebenso glühenden Hass gegen den verschlagenen Betrüger, gegen den frechen Usurpator. Das ganze Judentum stand auf *wie ein* Mann,[207] und seine Feinde sahen mit Erstaunen, dass die Seele Israels in ihrer Tiefe nicht vom Rechnen und vom Verlangen nach Mammon lebt, sondern von der Kraft eines in seinem Herzen lebenden Gefühls – von der Hoffnung und dem Zorn seines uralten messianischen Glaubens.[208] Der Kaiser, der einen so plötzlichen Ausbruch nicht erwartet hatte, verlor die Selbstbeherrschung und gab einen Befehl heraus, der alle ungehorsamen Juden und Christen zum Tode verurteilte. Viele Tausende und Zehntausende, die nicht mehr zu den Waffen hatten greifen können, wurden schonungslos hingemordet. Doch bald war eine Millionenarmee von Juden im Besitz Jerusalems und schloss den Antichrist im Hararn esch-Scherif ein.

Zu seiner Verfügung war nur ein Teil der Garde, der die Masse des Feindes nidlt überwältigen konnte.

Mit Hilfe der Zauberkunst seines Papstes gelang es dem Kaiser, durch die Reihen der Belagerer hindurchzukommen, und bald erschien er wieder in Syrien mit einem unzählbaren Heer aus verschiedenen heidnischen Stämmen. Ohne viel Hoffnung auf Erfolg gingen die Juden ihm entgegen. Doch kaum kamen die Vorhuten der beiden Armeen miteinander in Berührung, als ein Beben von nie dagewesener Stärke die Erde erschütterte[209] – am Toten Meer, in dessen Nähe sich die kaiserlichen Truppen aufgestellt hatten, öffnete sich der Krater eines riesigen Vulkans, und Feuerströme, die in einem einzigen Flammensee zusammenflossen, verschlangen den Kaiser, all seine zahllosen Regimenter und seinen ständigen Begleiter, den Papst Apollonius, dem all seine Magie nichts mehr nützte.[210] Die Juden eilten indessen nach Jerusalem und flehten den Gott Israels in Furcht und Zittern um Rettung an. Als die heilige Stadt ihnen schon vor Augen war, tat sich der Himmel auf in einem großen Blitz, der schien vom Aufgang bis zum Niedergang,[211] und sie erblickten Christus, der in königlichem Gewande zu ihnen herabkam, mit den Nägelmalen an den ausgebreiteten Händen.[212] Zur gleichen Zeit bewegte sich vom Sinai zum Zion die Schar der von Petrus, Johannes und Paulus[213] geführten Christen, und von allen Seiten stießen noch andere freudig bewegte Scharen zu ihnen: Das waren alle vom Antichrist getöteten Juden und Christen. Sie waren wieder lebendig geworden und begannen für tausend Jahre mit Christo zu herrschen.[214] Hier wollte Vater Pansofij seine Erzählung enden lassen, da ihr Thema ja nicht die allgemeine Katastrophe des Weltenbaus war, sondern nur das Ende unseres historischen Prozesses, das aus dem Erscheinen, dem Triumph und dem Untergang des Antichrist besteht.

POLITIKER. Und Sie denken, dass dies Ende so nahe ist?

HERR Z. Nun, auf der Szene mag noch allerlei geschwatzt und herumgelaufen werden, aber das Drama ist schon lange zu Ende geschrieben, und weder den Zuschauern noch den Schauspielern steht es frei, irgendetwas daran zu ändern.[215]

DAME. Worin liegt denn aber schließlich der Sinn dieses Dramas? Und ich verstehe trotz allem nicht, warum Ihr Antichrist solchen Hass gegen Gott hat, wo er doch im Grunde ein guter und nicht ein böser Mensch ist?

HERR Z. Eben *nicht »im Grunde«*. Und darin liegt auch der ganze Sinn. Und ich nehme zurück, was ich früher gesagt habe, dass »man den Antichrist mit bloßen Sprichworten nicht erklären kann«. Man kann ihn ganz erklären mit einem einzigen und noch dazu überaus simplen Sprichwort: *»Es ist nicht alles Gold, was glänzt.«*[216] Denn Glanz hat dieses verfälschte Gute übergenug, aber wirkliche Kraft keine.

GENERAL. Aber beachten Sie auch, über welch einer Szene in diesem Drama der Geschichte der Vorhang fällt: Krieg, Begegnung zweier Heere! Und so ist das Ende unseres Gespräches zu seinem Anfang zurückgekehrt. Wie gefällt Ihnen das, Fürst? ... Du meine Güte! Ja, wo ist denn der Fürst?

POLITIKER. Haben Sie es denn nicht gesehen? Er hat sich leise entfernt bei jener pathetischen Stelle, wo der Staretz Johannes den Antichrist an die Wand drückt.[217] Ich wollte da die Lesung nicht unterbrechen, und nachher hab' ich's vergessen.

GENERAL. Weggelaufen ist er, wahrhaftig: zum zweiten Mal weggelaufen. Aber wie hat er sich zusammengenommen! Der Tabak war ihm dann aber doch zu stark. Ach, du lieber Gott!

BEILAGEN ZUR »ERZÄHLUNG VOM ANTICHRIST«

Panmongolismus[1]
1. Oktober 1894

Panmongolismus! Wort der Sckrecken!
Doch mir gefällt der wilde Klang,
Als wolle Gott uns nun entdecken
Des letzten Schicksals schweren Gang.

Als einst Byzanz so tief verdorben,
Dass auf dem göttlichen Altar
Die Liebe Christi war erstorben
Und abgefallen Volk und Zar –

Da stürmte in des Halbmonds Zeichen
Ein Volk heran im Waffenglanz,
Und unter schweren Schicksalsstreichen
Versank das zweite Rom Byzanz.

Wir sollten diese Lehre hören!
Doch unbelehrbar lassen wir
Von jedem Schmeichler uns betören:
»Du bist das dritte Rom, Heil dir!«

Doch noch kann Gottes Geißel schlagen,
Und schon erhebt er seinen Arm
Und schickt, als Werkzeug neuer Plagen,
Barbarenvölker, Schwarm auf Schwarm.

Schon rüsten fiebernd, um die Wette,
Die gelben Völker sich zum Streit,
Schon stehn Millionen Bajonette
An Chinas Grenzen sturmbereit.

In Satans Kraft, unwiderstehlich
Wälzt sich heran das Völkermeer,
Blutdurstig, gierig und unzählig,
Heuschrecken gleich ein grauses Heer!

Dein Ruhm, o Russland, ward zunichte,
Dein Doppelaar versank in Nacht,
Und lachend spielt ein Gelbgesichte
Mit der zerfetzten Fahnen Pracht.

Weh, dass dir schwanden Lieb' und Glaube!
Nun kam mit Schrecken das Gericht:
Das dritte Rom, es liegt im Staube,
Ein viertes aber gibt es nicht.

Aus einem Brief Solov'evs an Vasilij L'vovič Veličko[2]
3. Juni 1897

Ich habe ernstlich Sehnsucht nach Dir bekommen, lieber Freund, und nach Deinem Hause. [...] Was sagst Du nun, mein Lieber? Das ist alles, was ich bei einer so großen zeitlichen und räumlichen Entfernung sagen kann. Ich will gar nicht erst versuchen, über all das zu sprechen, was sich nach unserer Trennung ereignet hat. Nichts Auffallendes, aber:

Ahnung, sie leitet mich,
Unheil ist nah!
Jemand bereitet sich,
Bald ist er da!

Du errätst, dass ich mit diesem »Jemand« den Antichrist selber meine. Das nahende Ende der Welt weht mir ins Gesicht mit einem zwar ungreifbaren, aber doch deutlich spürbaren Hauch so wie ein Wanderer, der sich dem Meer nähert, die Meeresluft fühlt, bevor er das Meer erblickt. *Mais c'est une mer à boire.*[3] [...]

Dein Vlad. Solov'ev.

Im Archipelag bei Nacht[4]
8. bis 11. April 1898

Lasst, o lasst euch nicht betören:
Nicht des Zufalls Machtgebot
Kann die Gotteswelt zerstören,
Nicht ein blindes Schicksal droht.

In des Meeres Nebelwallen
Sah ich finstren Teufelsspuk
Drohend sich zusammenballen,
Nein, es war kein Sinnestrug.

Wachend sah ich sich erheben
Teufelsscharen, Höllenbrut;
Bis ins Innerste erbeben
Ließ mich ihrer Worte Wut.

Seht den Feind die Fäuste ballen!
Die Materie ist nur Trug! ...
In des Meeres Nebelwallen
Sah ich klar den Teufelsspuk.

Aus dem Vorwort zur Buchausgabe der »Drei Gespräche«[5]
9. April 1900

Diese »Gespräche« über das Böse, über den kriegerischen und den friedlichen Kampf mit ihm, mussten enden mit einem deutlichen Hinweis auf das letzte, äußerste In-Erscheinung-Treten des Bösen in der Geschichte, mit der Darstellung seines kurzen Triumphes und entscheidenden Sturzes. Ursprünglich war dieser Gegenstand von mir in derselben Form eines Gespräches dargestellt worden wie alles Vorhergehende und mit einer ebensolchen Beimischung von Scherz. Aber Kritik von Freundesseite hat mich davon überzeugt, dass eine solche Art der Darlegung hier doppelt unangebracht sei:

erstens, weil die vorn Dialog geforderten Unterbrechungen und eingeschalteten Bemerkungen das von der Erzählung geweckte Interesse hemmen würden, und zweitens, weil der umgangssprachliche und besonders der scherzhafte Ton des Gesprächs der religiösen Bedeutung des Gegenstandes nicht entspräche. Da ich das richtig fand, habe ich die äußere Form des dritten Gesprächs geändert, indem ich die *Kurze Erzählung vom Antichrist* aus der Handschrift eines verstorbenen Mönchs in *einem* Stück vorlesen ließ. Diese Erzählung, die ich, bevor sie im Druck erschien, öffentlich vorgelesen habe, hat sowohl in der Gesellschaft als auch in der Presse nicht wenige Missverständnisse und falsche Auslegungen hervorgerufen, deren Hauptursache sehr einfach darin liegt, dass man bei uns die Aussagen des Wortes Gottes und der kirchlichen Tradition über den Antichrist in unzureichender Weise kennt.

Die innere Bedeutung des Antichrist als eines religiösen Usurpators, der durch »Raub« und nicht durch geistliche Tat die Würde des Sohnes Gottes zu erlangen sucht,[6] seine Verbindung mit dem Pseudopropheten und Thaumaturgen, der die Menschen durch wirkliche und durch lügenhafte Wunder verführt, die dunkle und in besonderer Weise sündige Herkunft des Antichrist selbst, der durch die Wirkung der bösen Kraft die äußere Stellung des Weltmonarchen für sich gewinnt, der allgemeine Verlauf und das Ende seines Wirkens zusammen mit einigen Einzelzügen, die für ihn und seinen Pseudopropheten charakteristisch sind, zum Beispiel das »Herabführen des Feuers vom Himmel«, die Tötung der zwei Zeugen Christi, das Zurschaustellen ihrer Leichen in den Straßen Jerusalems und so weiter – all das findet sich im Wort Gottes und in der ältesten Überlieferung. Um den Ereignissen Zusammenhang zu geben und um die Erzählung anschaulich zu machen, musste ich Einzelheiten hinzufügen, die entweder auf historischen Erwägungen beruhen oder meiner Phantasie entstammen. Den Zügen letzterer Art – als da sind die halb spiritistischen, halb taschenspielerischen Kunststücke des Weltreichmagiers mit unterirdischen Stimmen, mit Feuerwerk und so weiter – habe ich natürlich keine ernste Bedeutung beigemessen und war, wie mir scheint, berechtigt, von meinen »Kritikern« ein gleiches Verhalten zu diesem

Gegenstand zu erwarten. Was etwas anderes, sehr Wesentliches betrifft – die Charakteristik der drei personifizierten Bekenntnisse auf dem ökumenischen Konzil –, so konnte sie bloß von denen bemerkt und richtig bewertet werden, die der Geschichte und dem Leben der Kirche nicht fremd gegenüberstehen.

Der in der Offenbarung angedeutete Charakter des Pseudopropheten und seine dort klar gezeigte Bestimmung – die Menschen zugunsten des Antichrist hinters Licht zu führen – verlangen, dass man ihm allerlei Kunststücke der Zauberei und Taschenspielerkunst zuschreibt. Es ist glaubwürdig bekannt, *dass sein Hauptwerk ein Feuerwerk sein wird*:[7] »Und tut große Zeichen, dass er auch machet *Feuer* vom Himmel fallen vor den Menschen« (Offb 13,13). Die magische und mechanische Technik dieses Tuns können wir nicht im voraus kennen, und wir können nur gewiss sein, dass sie in 200 oder 300 Jahren die heutige Technik weit übertreffen wird; *was* aber bei einem solchen Fortschritt einem solchen Wundertäter möglich sein wird – darüber will ich kein Urteil abgeben. Einige konkrete Züge und Einzelheiten habe ich nur dazu in meine Erzählung aufgenommen, um die wesentlichen und glaubwürdigen Angaben anschaulich zu machen und sie nicht als nackte Schemata stehen zu lassen.

In all dem, was bei mir über den Panmongolismus und die asiatische Invasion in Europa gesagt wird, muss man ebenfalls das Wesentliche von den Einzelheiten unterscheiden. Aber auch die Haupttatsache selbst besitzt hier natürlich nicht jene unbedingte Gewissheit, wie sie dem künftigen Erscheinen und dem Schicksal des Antichrist und seines Pseudopropheten zukommt. In der Geschichte der mongolisch-europäischen Beziehungen ist nichts unmittelbar der Heiligen Schrift entnommen, obwohl es hier für vieles genügend Anhaltspunkte gibt.[8] Im allgemeinen ist diese Geschichte eine Reihe von Wahrscheinlichkeitserwägungen, die auf tatsächliche Gegebenheiten gegründet sind. Ich persönlich glaube, dass diese Wahrscheinlichkeit der Gewissheit nahekommt, und nicht nur mir allein scheint das so zu sein, sondern auch anderen, gewichtigeren Personen[9] … Um der Erzählung inneren Zusammenhang zu geben, musste ich diesen Erwägungen über den kommenden Mongolensturm verschiedene Einzelheiten hinzufügen, für die ich natürlich nicht einstehe und bei denen ich um Zurückhaltung bemüht war. Es war mir wichtig, den bevorstehenden furchtbaren Zusammenstoß der zwei Welten so real wie möglich zu zeichnen – und dadurch die dringende Notwendigkeit des Friedens und der aufrichtigen Freundschaft der europäischen Nationen untereinander anschaulich klarzumachen.

Wenn ich es auch für unmöglich halte, dass der Krieg *überhaupt* vor der endgültigen Katastrophe aufhört, so sehe ich in der engsten Annäherung und der friedlichen Zusammenarbeit aller *christlichen* Völker und Staaten nicht nur einen möglichen, sondern den notwendigen und sittlich verpflichtenden Weg, den die christliche Welt gehen muss, um nicht von niederen, elementaren Kräften verschlungen zu werden.

Um meine Erzählung nicht zu lang und kompliziert zu machen, habe ich aus dem Text der Gespräche etwas fortgelassen, was ich gleichfalls voraussehe, worüber ich hier aber zwei Worte sagen will. Mir scheint, dass der Erfolg des Panmongolismus schon im voraus durch jenen hartnäckigen und aufreibenden Kampf erleichtert werden wird, den einige europäische Staaten gegen den Islam werden zu führen haben, nachdem dieser in Westasien, in Nord- und Mittelafrika zu neuem Leben erwacht ist. Eine größere Rolle, als man gewöhnlich denkt, spielt hier die geheime und unermüdliche Tätigkeit der religiös-politischen Bruderschaft der *Senussi*[10], die für die Strömungen im gegenwärtigen Islam die gleiche führende Bedeutung hat, wie sie in den Bewegungen der buddhistischen Welt der tibetanischen Bruderschaft der *Kelanen* in Lhasa mit ihren indischen, chinesischen und japanischen Verzweigungen zukommt. Ich bin weit davon entfernt, dem Buddhismus und, noch weiter, dem Islam mit bedingungsloser Feindschaft gegenüberzustehen, aber die Augen vor der gegenwärtigen und der künftigen Lage der Dinge verschließen – das tun auch ohne mich schon allzu viele Leute gar zu gern.

Die historischen Kräfte, die über die Masse der Menschheit herrschen, müssen noch aufeinander stoßen und sich miteinander vermischen, bevor diesem sich selbst zerreißenden Tier ein neues

Haupt wachsen wird – die weltvereinigende Herrschaft des Antichrist, der »laute und hohe Worte reden«[11] und die glänzende Hülle des Guten und der Gerechtigkeit über das Geheimnis der äußersten Gesetzlosigkeit werfen wird zu der Zeit, da dieses Geheimnis sich endgültig offenbaren wird, um nach dem Wort der Schrift –, wo es möglich wäre, sogar die Auserwählten zum großen Abfall zu verleiten.[12] Im voraus auf diese trügerische Maske hinzuweisen, unter der sich der Abgrund des Bösen verbirgt, war meine höchste Absicht, als ich dieses Buch schrieb.

[...]

Ich empfinde, dass mein Werk auch in dieser berichtigten Form[13] verschiedene Mängel hat, aber ich spüre auch, dass die Gestalt des bleichen Todes nicht mehr fern ist, der mich leise mahnt, das, was das Allerwichtigste ist, nicht auf einen unbestimmten und ungesicherten Zeitpunkt zu verschieben.[14] Wird mir noch Zeit für neue Arbeiten geschenkt, so auch für die Vervollkommnung der früheren. Wenn aber nicht – *das Wichtigste ist gesagt*, und ich beende mein Geleitwort zu diesem »kleinen«[15] Werk mit dem dankbaren Gefühl einer mit der Hilfe Gottes erfüllten sittlichen Pflicht.

Am Ostersonntag 1900
Vladimir Solov'ev

Aus Anlass der letzten Ereignisse
Juli 1900

Brief an die Redaktion[16]

Ich halte es für nötig, einen chronologischen Fehler zu verbessern, der dem Fürsten S. N. Trubeckoj in seiner Rezension meines Buches »Drei Gespräche« in der kürzlich veröffentlichten Nummer der Zeitschrift »Fragen der Philosophie und der Psychologie« (Mai/Juni 1900) unterlaufen ist. Da der verehrte Rezensent ein strenger Gelehrter ist, liegt ihm natürlich sehr an der faktischen

Genauigkeit seiner Angaben, und deswegen wird er, wie ich hoffe, meine kleine Verbesserung richtig auffassen.

Auf Seite 363 lesen wir: »Vladimir Solov'ev wird zugeben, dass die Eschatologie des Vaters Pansofij, so phantastisch sie auch ist, sich doch von der Eschatologie des ersten Jahrhunderts unterscheidet. Der ehrwürdige Mönch weiß etwas von Nietzsche, von Tolstoj, vom Staatssozialismus, von den Freimaurern und sogar *von den letzten Ereignissen in China.*« Mir ist diese Bemerkung, im ganzen genommen, nicht recht verständlich. Denn der erfundene Verfasser meiner »Erzählung vom Antichrist«, der Mönch Pansofij, ist von mir ja als unser Zeitgenosse dargestellt, und folglich kann seine »Eschatologie«, so phantastisch sie (nach dem Ausdruck des Fürsten Trubeckoj) auch ist, oder so genau sie auch den positiven christlichen Prinzipien entspricht (wie ich sagen würde) – sie kann gar nicht in allen ihren äußeren, faktischen Einzelheiten mit der Eschatologie des ersten Jahrhunderts zusammenfallen. Wie, auf welcher Grundlage und auch aus welchem Anlass sollte ich einen zeitgenössischen gebildeten Mönch, der ein abgeschlossenes Studium auf der geistlichen Akademie hinter sich hat, so darstellen, als wüsste er nichts von Nietzsche, Tolstoj, dem Staatssozialismus und den Freimaurern? Aber wenn es dem Verfasser meiner Erzählung unmöglich war, von diesen Dingen nichts zu wissen, so konnte er von »den letzten Ereignissen in China« im Gegenteil in gar keiner Weise etwas wissen. Denn das wäre genauso ein Wissen, wie ein eifriges Stadtoberhaupt es bei der ihm unterstehenden Polizei voraussetzte, als er von ihr forderte, sie solle ihm jeden Brand melden eine halbe Stunde, bevor das Feuer ausbricht.

Wenn der Fürst Trubeckoj von den letzten Ereignissen in China spricht, so meint er damit offenbar jene bewaffnete Bewegung der chinesischen Nation gegen die Europäer, die Mitte Mai dieses Jahres (1900) zuerst in Erscheinung getreten ist und die seit Anfang Juni bedrohliche Ausmaße angenommen hat (Ermordung des deutschen Gesandten am 5. Juni)[17]. Jener Hinweis aber auf die bevorstehende Gefahr aus China, der sich in der »Kurzen Erzählung vom Antichrist« findet, wurde von mir *am 26. Februar* dieses Jahres in dem Saal der Petersburger Duma öffentlich vorgelesen und erschien am folgenden Tag in seinem vollständigen Wortlaut im Druck, und zwar im *Februar*-Heft der »Nedelja«[I]. Ein Wissen von den Ereignissen, die sich im Mai und Juni in China abgespielt haben, hätte ich im Februar nur durch Hellseherei haben können; wenn ich aber diese Gabe besäße, dann wäre meine Darlegung der künftigen Geschichte doch wohl genauer gewesen und mehr ins einzelne gegangen.

Natürlich hatte ich von den letzten Ereignissen in China keinerlei *Wissen*, weder natürliches noch übernatürliches, bis ich, wie alle anderen, in den Zeitungen davon las. Aber vorausgesehen und vorausgefühlt habe ich diese Ereignisse und all das, was sie für die Zukunft befürchten lassen, tatsächlich, und ich habe diese Ahnungen lange vor dem Februar dieses Jahres ausgesprochen, zum Beispiel in dem vor zehn Jahren (in »Russkoe Obozrenie«, 1890) veröffentlichten Aufsatz »China und Europa«. Ein besonders starkes Vorgefühl der herannahenden Mongolengefahr empfand ich im Herbst 1894 (am 1. Oktober, wenn mich die Erinnerung nicht täuscht) am Saimasee in Finnland. Das Gedicht »Panmongolismus«, das aus diesem Anlass entstanden ist, habe ich einigen Freunden zu lesen gegeben, und seine ersten vier Zeilen dienten als Motto zu der »Erzählung vom Antichrist«:

»Panmongolismus! Wort der Schrecken,
Doch mir gefällt der wilde Klang,
Als wolle Gott uns nun entdecken
Des letzten Schicksals schweren Gang.«[18]

In dieser Erwartung einer historischen Katastrophe im Fernen Osten war ich freilich nicht allein. Eine solche Ansicht wird in der letzten Zeit von verschiedenen Leuten geteilt, worauf ich auch

I In der Buchausgabe der »Drei Gespräche«, die im Mai herausgekommen ist, ist die »Kurze Erzählung vom Antichrist« mit dem Hinweis auf den Panmongolismus und auf die Bewegung in China ohne wesentliche Änderungen gegenüber dem im Februarheft der »Nedelja« veröffentlichten Text gedruckt worden. (Anmerkung Solov'evs) im Vorwort zu den »Drei Gesprächen« hingewiesen habe.[II] Und wenn viele von der Annäherung des Gewitters gesprochen haben, so bleibt mir nur der traurige Vorzug, dass ich als letzter und mit einem *Schrei* auf das Gewitter hingewiesen habe, das nun schon ganz nahe gekommen und bereit war, sich zu entladen, und das trotzdem von der überwältigenden Mehrheit nicht bemerkt wurde[III].

Und auch jetzt, wo alle es bemerkt haben, sind es da viele, die nach den ersten Donnerschlägen das ganze Ausmaß und die ganze Kraft des Unheils, das schon eingetreten, schon losgebrochen ist, richtig bewertet haben? Nach einigen Tagen eines angespannten Schreckens ist alles wieder beim Alten. Wer hat in der Tat begriffen, dass das Alte vergangen ist und dass man künftig nicht mehr davon reden wird, dass die frühere Geschichte nun wirklich zu Ende gegangen ist, wenn auch kraft des Gesetzes der Trägheit auf der historischen Bühne noch so eine Art Marionettentheater weitergeht? Wer hat begriffen, dass die historische Epoche, die nun begonnen hat, sich so weit – nein, dass sie sich viel weiter von allen historischen Sorgen und Fragen, die uns gestern bewegt haben,

II Ich habe gehört, in einer russischen Zeitung sei aus diesem Anlass auf die Meinung des bekannten Geographen Reclus hingewiesen worden. Wenn dieser Hinweis richtig ist – ich selbst habe Reclus nicht gelesen –, so freue ich mich, dass die Wahrheit noch einen und einen so ernsthaften Zeugen hat.

III Diese Unaufmerksamkeit gegenüber dem Allerwichtigsten erweckt in mir eine Erinnerung aus längst vergangener Zeit. Gegen Ende der siebziger und zu Beginn der achtziger Jahre sah ich mich häufig mit dem inzwischen verstorbenen Katkov, in dessen Zeitschrift »Russkij Vestnik« meine Doktordissertation gedruckt wurde. Im März 1881 erzählte ich ihm einen Fall aus dem Petersburger Leben, der sich wirklich zugetragen hatte und den er auf seine Weise in einem Leitartikel benutzte, wo es unter anderem hieß: »Wir haben gehört, am Tag nach der schrecklichen Katastrophe des 1. März habe sich Petr Ivanovič Bobčinskij mit Petr Ivanovič Dobčinskij über diese Katastrophe unterhalten[19] und sie seien gemeinsam zu dem Entschluss gekommen, diesem Ereignis keine besondere Bedeutung beizumessen.« In ähnlicher Weise möchten sich die Gogol'schen Helden unserer Zeit auch gegenüber dem »chinesischen Ereignis« verhalten. Aber, aber, meine Herren! Der wirkliche Revisor ist doch offenbar schon angekommen, und ich sehe auf Ihrer Schwelle den Gendarm, der Sie sogleich auffordern wird, vor dem Revisor zu erscheinen.

entfernt, als die Zeit der großen Revolution und der Napoleonischen Kriege dem Wesen ihrer Interessen nach von der Epoche des spanischen Erbfolgekrieges entfernt war oder als bei uns in Russland das Zeitalter Peters des Großen und Katharinas II. um ein Unendliches hinausgewachsen war über die Tage der Moskauer Großfürsten? Dass die Bühne der allgemeinen Geschichte sich in der letzten Zeit gewaltig erweitert hat und dass sie jetzt mit der ganzen Erdkugel identisch geworden ist – das ist eine augenscheinliche Tatsache. Dass dementsprechend die Ereignisse, die sich auf dieser Bühne abspielen, und die Fragen, die hier zu lösen sind, eine immer größere Bedeutung für das Leben bekommen – das ist zwar noch nicht allen in gleicher Weise klar bewusst geworden, unterliegt aber im allgemeinen gleichfalls keinem Zweifel. Aber worauf geht die Menschheit zu, was ist das Ende dieser historischen Entwicklung, die jetzt alle wirklich zählenden Kräfte der Bevölkerung unserer Erde ergriffen hat? Die gängigen Theorien des Fortschritts – im Sinne des Wachstums des allgemeinen Wohlstandes unter den Bedingungen des jetzigen Lebens auf der Erde – bezeichnet der Fürst S. N. Trubeckoj mit vollem Recht als abgeschmackt. Aufgefasst als Ideal, ist das eine Abgeschmacktheit oder ein langweiliges Märchen vom weißen Stier; betrachtet man es aber von den historischen Faktoren aus, die hier vorausgesetzt werden, so ist es eine Sinnlosigkeit, eine völlige Unmöglichkeit. Man sage einem müden, enttäuschten, von einem Schlaganfall getroffenen Greis, ihm stehe ein unendlicher Fortschritt seines jetzigen Lebens und seines irdischen Wohlergehens bevor! ... »Was kann es da schon für ein Wohlergehen geben, mein Lieber, und was für ein Leben! Ich hab' nur noch den einen Wunsch, den Rest meines Lebens ohne Schande und ohne allzu große Leiden bis zum nahen Ende hinzuschleppen.«

Dass die gegenwärtige Menschheit ein kranker Greis und dass die Weltgeschichte innerlich *ans Ende gekommen* – ist das war ein Lieblingsgedanke meines Vaters[20], und wenn ich in meiner Jugendlichkeit diesen Gedanken bestritt und von neuen historischen Kräften sprach, die noch heraustreten könnten auf die Bühne der Weltgeschichte, dann griff mein Vater das gewöhnlich mit Eifer auf: »Das ist ja gerade die Sache, lass es dir doch sagen! Als die alte Welt starb, da war jemand da, der sie ersetzen, der weiterhin Geschichte machen konnte: die Germanen, die Slawen. Aber wo willst du jetzt neue Völker hernehmen? [...] Welch blendende Bestätigung seiner wohldurchdachten und überprüften Anschauung fände der verstorbene Historiker jetzt, wo statt der erträumten neuen, jungen Völker in unerwarteter Weise Großvater Kronos[21] selbst in Gestalt des Chinesen, des »an Tagen Alten«, die Bühne der Geschichte eingenommen hat und wo das Ende der Geschichte sich mit ihrem Anfang verknüpft!

Das Drama der Geschichte ist ausgespielt, und übriggeblieben ist allein der Epilog, der übrigens, wie bei Ibsen[22] sich selbst noch über fünf Akte dehnen kann. Aber deren Inhalt ist im Wesentlichen im voraus bekannt.

Aus einem Bericht des Fürsten Sergej Nikolaevič Trubeckoj über den Tod V. S. Solov'evs am 31. Juli 1900[23]

[...]

In der ersten Woche hat Solov'ev manchmal Gespräche geführt, besonders über allgemeine Fragen, und hat sogar gebeten, ihm Telegramme aus den Zeitungen vorzulesen. Seine Gedanken arbeiteten und blieben sogar dann noch klar, als er die äußeren Eindrücke nur noch mit Mühe unterscheiden konnte. Als er ankam, stand er unter dem Eindruck jener Ereignisse von weltweiter Bedeutung, denen der oben abgedruckte Artikel[24] – der letzte, den er unterschrieben hat – gewidmet ist. Er wollte ihn noch ergänzen und bearbeiten, wollte ihn mir vorlesen, war aber nicht dazu imstande. Er machte mir Vorwürfe wegen meiner Bemerkung in den »Voprosy filosofii«[25], die ich geschrieben hatte, noch ehe die Bewegung in China voll in Gang gekommen war. Ich versprach ihm, dass ich meinen ungewollten Fehler verbessern werde, und während ich neben ihm saß, ging das Gespräch zwischen uns über den großen und furchtbaren Umbruch, den wir erleben und den er schon längst vorausgesagt und vorausgefühlt hat. Ich erinnerte mich an sein bemerkenswertes Gedicht »Panmongolismus«, das er schon im Jahre 1894 geschrieben hat und dessen letzte Strophe sich meinem Gedächtnis tief eingeprägt hat.

»Wie ist deine persönliche Auffassung von den Ereignissen in China, jetzt, wo sie eingetreten sind?«, fragte ich Vladimir Sergeevič.

»Ich spreche darüber in meinem Brief an die Redaktion des ›Vestnik Evropy‹«, antwortete er. »Das ist ein Schrei meines Herzens. Meine Auffassung ist, dass alles zu Ende ist; jene Heerstraße der allgemeinen Geschichte, die eingeteilt wurde in alte, mittlere und neue, ist zu ihrem Ende gekommen ... Die Professoren für allgemeine Geschichte können entlassen werden ... ihr Gegenstand hat für das Leben unserer Gegenwart keine Bedeutung mehr; es wird künftig unmöglich sein, noch über den Krieg der Roten und der Weißen Rose zu sprechen. Alles ist zu Ende! ... Und mit welchem sittlichen Marschgepäck ziehen die europäischen Völker in den Krieg mit China! ... Es gibt kein Christentum; an Ideen gibt es nicht mehr als in der Epoche des Trojanischen Krieges; nur waren es damals junge Helden, die in den Kampf zogen, jetzt aber sind es Mummelgreise!« – Wir sprachen dann über die Armseligkeit der europäischen Diplomatie, die die nahende Gefahr übersehen hat, über ihre kleinliche, gierige Rechnerei, ihre Unfähigkeit, das große Problem, das sich ihr da stellt, in seinem ganzen Umfang zu erfassen und es durch die Teilung Chinas zu lösen. Wir sprachen darüber, dass manche bei uns immer noch von einem Bündnis mit China gegen die Engländer träumen und manche bei den Engländern von einem Bündnis mit den Japanern gegen uns. Vladimir Sergeevič rezitierte mir sein letztes Gedicht, das er aus Anlass der Rede geschrieben hat, die Kaiser Wilhelm an die Truppen, die in den Fernen Osten abfuhren, gehalten hat.[26] Er begrüßte diese Rede, über die die russischen und sogar die deutschen Zeitungen so hergefallen sind; er sieht in ihr die Rede eines Kreuzfahrers, eines »Nachkommen der Kreuzritter«, der »vor dem Schlund des Drachens« begriffen hat, dass »Kreuz und Schwert eins sind«. Dann kam die Rede wieder auf uns, und Vladimir Sergeevič sprach den Gedanken aus, den er schon vor zehn Jahren in seinem Aufsatz »China und Europa« geäußert hat, dass wir nicht gegen China kämpfen können, wenn wir nicht zuvor bei uns selbst unser inneres Chinesentum überwunden haben. Im Kult der »Großen Faust«[27] können wir die Chinesen sowieso nicht einholen; auf diesem Feld werden sie konsequenter und stärker sein als wir. Vladimir Sergeevič sprach auch von Erscheinungen, die dies Problem von außen her noch komplizierter machen: von der drohenden Gefahr des Panislamismus, von der Möglichkeit eines Zusammenstoßes mit dem Westen, von den unsinnigen Anstrengungen mancher unserer Patrioten, ohne jede Not einen Unruheherd in Finnland[28] zu schaffen, unmittelbar vor den Toren unserer Hauptstadt ...

[...]

Uskoe, 12. August 1900 — Fürst S. N. Trubeckoj

NACHWORT

Von Ludolf Müller

Was wollte Solov'ev uns mit seiner »Kurzen Erzählung vom Antichrist« geben, und was kann sie uns heute noch bedeuten?

Der Gedankenreichtum, die spannungsreiche Handlungsführung und die zwischen hohem Pathos und leichter Ironie in der Schwebe bleibende Erzählweise sichern diesem Werk das bis zum Ende nicht erlahmende Interesse auch des heutigen Lesers. Aber aus dem Vorwort zur Buchausgabe der »Drei Gespräche«, das Solov'ev zu Ostern 1900 in der Vorahnung seines nahen Todes mit tiefem Ernst geschrieben hat (s. o., S. 51 ff.), wird deutlich, dass er nicht einfach eine interessante Novelle über ein ausgefallenes Thema schreiben wollte. Es war ihm Ernst mit seiner Vision des »Menschen der Zukunft«, des kommenden Antichrist, und er wollte die Menschheit im Voraus warnen vor der Verführung, die, wie er fest glaubte, von dem Usurpator ausgehen und auch viele Gläubige zum Abfall verführen würde.

Aber ein Hellseher war Solov'ev doch nicht. Die Entwicklung der Weltgeschichte im 20. Jahrhundert ist anders verlaufen, als er es sich vorgestellt hat. Die Gefahr des »Panmongolismus« für Europa hat er offensichtlich überschätzt, und die großen Katastrophen unseres Jahrhunderts – den Ersten und den Zweiten Weltkrieg, die russische Revolution, Hitler und Stalin, die Gefährdung der Menschheit durch das atomare Wettrüsten von Ost und West –, all dies hat er ebensowenig vorausgesehen wie irgendein anderer seiner Zeitgenossen. Und so dürfte auch unsere Zukunft wesentlich anders verlaufen, als er gedacht hat. Und in der Tat: Neben den Schrecken einer atomaren Katastrophe sieht das Ende der Weltgeschichte in Solov'evs Darstellung beinah idyllisch aus. Gleichwohl behält die Erzählung ihre hohe Bedeutung auch für uns, mehr als hundert Jahre nach ihrer ersten Veröffentlichung.

Er selbst hat gesagt (o., S. 53), dass er die Charakterisierung der drei großen Konfessionen auf dem Ökumenischen Konzil der Endzeit für sehr wesentlich hielt. In der Stunde der letzten Entschei-

dung hat jede der Konfessionen gemäß der ihr verliehenen besonderen Gnadengabe ihre besondere Berufung. Aber jede Konfession ist auch gerade durch das, was ihr eigen ist, worin sie den anderen gegenüber Recht hat, besonders gefährdet und der Versuchung durch den Antichrist ausgesetzt: die Römisch-katholische durch den Autoritarismus, die Orthodoxe durch den Traditionalismus, die Evangelische durch den Individualismus.

Bleibende Bedeutung hat auch die geschichtsphilosophische und geschichtstheologische Dimension der Erzählung. Das Wesen und Wirken der widergöttlichen Mächte, die Wurzeln des Hasses gegen Gott und Christus, die übermenschliche und schließlich doch zum Scheitern verurteilte Kraft der grenzenlosen Eigenliebe, in deren Dienst sogar die Askese gestellt wird, der sozial-philanthropische (und sogar »philozoische«) Schein des Gewaltherrschers, der schließlich doch dem Zynismus einer grenzenlosen Verachtung des Menschen und grausamem Massenmord weicht, die Vergottung der Staatsmacht, in deren Dienst der antichristliche Staat sogar die Religion und die Kirche Christi (zum Teil mit Erfolg) zu stellen versucht, der Missbrauch christlicher Redeweise durch den geschworenen Feind Christi – all dies ist tief gesehen und eindrucksvoll geschildert.

Aber auch die Apokalyptik selbst, die die Zeitgenossen Solov'evs so fremd anmutete, ist uns heute näher und verständlicher als ihnen damals, auch wenn wir Solov'ev nicht für einen Hellseher halten, der uns über die Geschicke der Menschheit im 21. Jahrhundert informieren könnte. Wir können die Apokalyptik und Antichrist-Erwartung Solov'evs weder einfach von ihm übernehmen, noch dürfen wir sie als wilde Phantastik eines übererregbaren, zu Halluzinationen neigenden, von der Erwartung geschichtlicher Katastrophen und der Ahnung eines frühen Todes beunruhigten Geistes abtun.

Die Geschichte hat nach Solov'ev die Tendenz einer Entwicklung vom Chaos zur Harmonie, von der Menschenfresserei zur Nächstenliebe, von der feindlichen Absonderung der Einzelgruppen zur Solidarität eines wohlorganisierten Menschheitsreiches, und Solov'ev beurteilt diese Entwicklung positiv. Wir dürfen aus der Tatsache, dass er den Antichrist zum Präsidenten der Vereinigten Staaten von Europa macht, nicht schließen, dass er die Vereinigung Europas nicht gewollt hätte. Aber bei aller positiven Beurteilung des historischen Prozesses wurde sich Solov'ev in seiner apokalyptischen Epoche (gegen Ende seines Lebens) immer stärker dessen bewusst, dass dieser Prozess eines nicht kann: dass er das Böse nicht überwinden kann. Der welthistorische Entwicklungsprozess lässt die Möglichkeit des Guten, aber auch die Möglichkeit des Bösen wachsen. Das Unkraut wächst mit dem Weizen, die Gefährdung der Geschichte durch das Böse wird mit dem Gang der Entwicklung nicht geringer, sondern größer. Die Antichrist-Vorstellung, die die größte Offenbarung des Bösen an das Ende der Weltgeschichte legt, ist die ins Mythische gesteigerte Verkörperung dieses Gedankens.[29]

Ein bei uns bisher leider wenig bekannter, in der Sowjetunion aber hochangesehener russischer Philosoph, Alekséj Lósev, der in den dreißiger Jahren politisch verfolgt wurde, während des Zweiten Weltkrieges durch Bombeneinwirkung erblindete und 1988 im Alter von 95 Jahren gestorben ist und der durch sein 1983 veröffentlichtes Buch über Solov'ev viel zur Vorbereitung der Solov'ev-Renaissance beigetragen hat, die sich seitdem in Russland vollzieht, schrieb schon damals, lange vor Beginn der »Perestrojka«, über die »Erzählung vom Antichrist«: Solov'ev habe in ihr eine ungewöhnliche künstlerische Phantasie bewiesen; jeder, der über Philosophie und Geschichte ernsthaft nachdenkt, müsse sie mit Ergriffenheit lesen. Lósev denkt dabei besonders an Solov'evs von »aller Sorten von Pseudopropheten, Pseudothaumaturgen und Pseudowohltätern der Menschheit« und an seine »erschütternde Prophezeiung des Unterganges der ganzen Zivilisation und des Weltendes«[30]*. Für Lósev ist weniger wichtig, wie sich Solov'ev die Menschheitskatastrophe vorstellt, als vielmehr, dass er in einer Zeit des Fortschrittsglaubens ein katastrophisches Ende der Menschheit für möglich, ja wahrscheinlich hielt.*

Hiermit kommt Solov'ev unserem Denken und Fühlen, mehr als hundert Jahre nach der Niederschrift und ersten Veröffentlichung der Erzählung (und gleichzeitig mehr als hundert Jahre nach seinem Tode), nun in der Tat nahe. Allerdings braucht er uns heute kaum noch davon zu überzeugen, dass eine solche Gefahr besteht. Aber in unserer Zeit können wir von ihm und aus dieser Erzählung vielleicht etwas lernen, was die Zeitgenossen, die in ihm vor allem den düsteren Pessimisten und Unheilspropheten sahen, kaum beachtet haben: seinen festen und unerschütterlichen Glauben, dass auch ein katastrophisches Weltende die Welt und die Menschheit nicht aus der Hand Gottes fallen lässt, ebenso wie die Katastrophe am Kreuz von Golgatha den, der dort starb, nicht aus der Hand Gottes hat fallen lassen.

ANMERKUNGEN ZUR »ERZÄHLUNG VOM ANTICHRIST«

1 Zur Schreibung des Namens die Anmerkung zu 3.

2 Über die Entstehung der »Erzählung vom Antichrist« siehe DG 8, S. 421–425. Erschienen ist sie zuerst Ende Februar 1900 in der Zeitschrift »Knižki Nedeli«, dann im Mai 1900 in der ersten Buchausgabe der »Drei Gespräche«, dann wieder in den russischen Gesamtausgaben der Werke Solov'evs, die nach seinem Tod erschienen sind (die erste Auflage 1903, die zweite 1911–1913). Die verschiedenen Ausgaben haben stellenweise einen unterschiedlichen Text. Auf bedeutsame Abweichungen weise ich in den Anmerkungen hin; dabei bezeichne ich die Zeitschriftenausgabe mit »ZS«, die erste Buchausgabe mit »B«, die erste und die zweite russische Gesamtausgabe mit »RG 1« und »RG 2«. Die Abkürzungen, die ich im Anmerkungsteil benutze, sind zusammengestellt im Abkürzungs- und Literaturverzeichnis, unten, S. 121. Am Tage vor der ersten Veröffentlichung der »Erzählung vom Antichrist«, am 26. Februar 1900, hat Solov'ev die Erzählung in St. Petersburg öffentlich vorgelesen. Studenten der Moskauer Universität schrieben ihm daraufhin einen Brief, in dem sie ihn fragten, ob er verrückt geworden sei. (Seine Antwort auf diesen Brief siehe in DG, Erg.-Bd., S. 193.) Aber auch sonst »rief diese Erzählung in der Gesellschaft wie in der Presse nicht wenige Missverständnisse und Fehldeutungen hervor«, wie Solov'ev selbst sagt (s. o., S. 52), und sogar der hochgebildete und mit Solov'ev befreundete Fürst S. N. Trubeckoj verstand sie nach Solov'evs Meinung falsch (s. o., S. 55 f.).

3 »Solov'ev« ist die Umschrift des russischen Namens nach der Transkription der kyrillischen Schrift, die in der wissenschaftlichen Literatur und in den Bibliotheken angewandt wird. Sonst wird der Name gewöhnlich »Solowjew« oder »Solowjow« transkribiert; ausgesprochen wird er etwa: »Ssalawjóff«. In der deutschen Gesamtausgabe der Werke Solov'evs wurde zuerst die populäre Transkription angewandt, seit 1972 die wissenschaftliche. Nur auf den Titelblättern wurde der Name weiterhin »Solowjew« geschrieben. An diese Regelung haben wir uns auch bei diesem Bändchen gehalten.

4 Das erste Datum nach dem damals in Russland geltenden julianischen, das zweite nach unserem (seit 1918 auch in Russland geltenden) gregorianischen Kalender. Nähere Angaben zum Leben Solov'evs siehe im Ergänzungsband zur deutschen Gesamtausgabe: »Solowjews Leben in Briefen und Gedichten«, München, Erich Wewel Verlag, 1977.

5 Aus dem Vorwort zu »Geschichte und Zukunft der Theokratie«, DG 2, S. 363.

6 So Solov'ev 1896 in dem Brief an Tavernier, s. u., Anm. 143. Vergleiche dazu das »Glaubensbekenntnis« aus dem Jahre 1888, in „Russland und die universale Kirche«, DG 3, S. 187.

7 Die deutsche Übersetzung der »Drei Gespräche« findet sich in DG 8, S. 115–294; die »Kurze Erzählung vom Antichrist« dort auf den Seiten 259–294. Der Seite 259 in DG 8 entspricht Seite 13 in diesem Band.

8 Die Wendung »Mann des Rates« ist aus dem Alten Testament (Jes 40,13; Ps. 119,24) eingegangen in die russische Sprache; vgl. Puskin, »Boris Godunov«, 11. Bild: »Mann der Schlacht und des Rates«; ähnlich bei Turgenev, »Rauch«, Kap. 1, Abs. 2: »Männer des Rates und der Vernunft«.

9 »Volksfreund«, russisch: *»narodnik«*. Mit diesem Namen bezeichnete man die politische und literarische Richtung, die die Wiedergeburt des russischen Lebens aus der Kraft eines erneuerten Bauerntums erhoffte und erstrebte. Der berühmte Schriftsteller Lev (Leo) Tolstoj stand dieser Richtung in mancher Hinsicht nahe. Auf ihn spielt Solov'ev an dieser Stelle an. Zu Solov'evs Beziehung zu Tolstoj siehe DG 8, S. 430 ff. und S. 459.

10 Herr Z. hat trotz seiner Anonymität einen sehr bezeichnenden Namen: Der letzte Buchstabe des Alphabets deutet (wie in der Bibel das griechische Omega) auf das »Letzte«, das »Eschaton«, auf das Ende der Geschichte: Herr Z. vertritt den »eschatologischen« Standpunkt. Die Angabe, dass sein Lebensalter und seine gesellschaftliche Stellung unbestimmt seien, deutet an, dass Herr Z. zu den »Propheten« gehört, von denen Solov'ev in »Russland und die universale Kirche« gesagt hatte: »In jeder Gesellschaft hat es seit den ältesten Zeiten außer den Priestern (den Alten) und den Kriegern (den Jungen) noch eine Kategorie von Menschen aller Lebensalter, Geschlechter und Stände gegeben, welche die Zukunft der Menschheit vorwegnahmen« (DG 3, S. 376).

11 Vater Pansofij ist Solov'ev selbst und ist es doch wiederum nicht oder mindestens nicht ganz, er ist eine Art zweites Ich des Philosophen. Viele der Lebensumstände, die über Pansofij berichtet werden, treffen auch auf Solov'ev zu: Auf der Geistlichen Akademie, die er im Jahre 1873/74 besucht hat, hat er dies zweite Ich gewissermaßen kennengelernt, 1886 hat er selbst ernstlich erwogen, Mönch zu werden; auch er stammt, wie Pansofij, von russischen Geistlichen ab. Endlich heißt es etwas später, bei Beginn der Erzählung vom Antichrist, das Motto stamme von ihrem Verfasser, das heißt von Pansofij selbst. Nun ist dieses Motto aber dem Gedicht Solov'evs „Panmongolismus« entnommen, und wie der Mönch seine Erzählung bei Lebzeiten nicht hat drucken lassen wollen, so Solov'ev auch dieses Gedicht; es erschien erst nach seinem Tode. Und auch mit der Herausgabe der »Erzählung vom Antichrist« hat er offenbar lange gezögert. Es kann kein Zweifel sein, dass Solov'ev alle

diese Hinweise gibt, um zu zeigen, dass er in gewisser Hinsicht der Vater Pansofij selbst ist. Dennoch ist dieser, wie gesagt, ein zweites Ich Solov'evs gegenüber demjenigen, das durch Herrn Z. dargestellt ist. Denn sonst könnte Herr Z. sich ebenso gut als Verfasser dieser Erzählung bekennen, wie Ivan Karamazov bei Dostoevskij den »Großinquisitor« als eigenes Werk vorträgt. Diese Aufspaltung seines eigenen Ich in zwei Gestalten – den Herrn Z. und den Vater Pansofij – lässt uns in die Tiefen des Selbstverständnisses Solov'evs blicken. Solov'ev fühlt, dass es in seinem Personsein und in seinem Bewusstsein zwei Sphären gibt, die sich nicht völlig decken, nicht ganz miteinander verschmelzen. So unterscheidet sich etwa die soeben von Herrn Z. vorgetragene Eschatologie, nach welcher sich »die Persönlichkeit und die Gesellschaft, die Völker und die Menschheit« immer weiter vervollkommnen bis hin zur Überwindung des Todes und dem Anbruch des Reiches Gottes, in mancher Hinsicht von derjenigen Vorstellung vom Ende der Geschichte, die in der »Erzählung vom Antichrist« ihren Ausdruck findet und die sich vor allem auf die Heilige Schrift und die kirchliche Überlieferung stützt. Herr Z. zwingt seinen Gegner (im Dritten Gespräch) mit logischen Argumenten, anzuerkennen, dass der Glaube an die Auferstehung eine »zureichende Begründung« besitze. Vater Pansofij begründet gar nichts, er »weiß alles« (wie schon sein Name Pansofij = Pan-sophius = der Allweise besagt), weil er auch *ohne* »zureichende Begründung« an die Worte der Bibel und an die kirchliche Überlieferung glaubt. Man hat vielfach versucht, die Widersprüche, die man bei Solov'ev fand, auf verschiedene Perioden zu verteilen. Aber gerade für die letzten Jahre lässt sich eine solche Periodisierung nicht mehr durchführen; die verschiedenen Anschauungen folgen einander nicht, sondern sie stehen nebeneinander, sie lösen sich nicht ab, sondern sie ergänzen und begrenzen sich gegenseitig. Solov'ev ist Herr Z. und Pansofij, er ist Philosoph und Mönch, Dialektiker und schlicht Glaubender. In dieser Vielschichtigkeit liegt das Rätsel und der Zauber seiner Persönlichkeit. Bedeutsam ist schließlich auch der Hinweis, dass Vater Pansofij die Erzählung nicht hat drucken lassen wollen und können; erst der Tod löst ihm die Zunge. Sein Leben lang hat Solov'ev diese Pansofij-Seite in seinem Wesen unterdrückt, sie war eine Unterströmung, die nur hin und wieder spürbar wurde, so, wenn er im Jahre 1888, mitten unter hochgespannten theokratischen Hoffnungen, plötzlich am 27.7.1888 an Tavernier schreibt: »Ich betrachte sämtliche Ereignisse *sub specie Antichristi venturi*« (»unter dem Gesichtspunkt des Kommens des Antichrist«). Erst die Ahnung des nahen Todes lässt ihn diese innere Scheu überwinden, und beide Seiten seines Wesens treten nun klar hervor. Und noch ein weiterer Hinweis liegt in dem Namen Pansofij. Als Herr Z. den Namen seines Freundes genannt hat, fragt der General: »Pan Sofij? Ein Pole?«

Der »Pan Sofij« (poln. = Herr Sofij) wird hierdurch in Beziehung zur »Sophia«, zur »Weisheit«, gebracht. Solov'ev betrachtete die himmlische Sophia, die ewige Weisheit Gottes, als seine »ewige Freundin«, von der er glaubte, dass sie ihm dreimal erschienen sei. Das Gedicht, in dem er über diese »Drei Begegnungen« schreibt, die nach seinen Worten die bedeutsamsten Ereignisse seines Lebens waren, ist bezeichnenderweise auch in halb scherzhaftem Ton gehalten (DG, Erg.-Bd., S. 267 ff.). Vergleiche auch unten, Anm. 123. Ein Märtyrer Pansofij (= grch. Pansophios) aus der Zeit des römischen Kaisers Decius (249–251) wird in der Ostkirche am 15. Januar verehrt; Solov'evs Geburtstag war der 16. Januar; vielleicht könnte Solov'ev auch hieraus eine besondere Beziehung zu dem Namen Pansofij abgeleitet haben.

12 Das Motto stammt aus Solov'evs eigenem Gedicht »Panmongolismus«, das er am 1. Oktober 1894 gedichtet hat, als er die Nachricht vom Ausbruch des chinesisch-japanischen Krieges erhalten hatte. Das Gedicht wurde erst nach Solov'evs Tod vollständig veröffentlicht. Eine deutsche Übersetzung des Gedichtes findet sich im Anhang, oben, S. 49. – Das Wort und der Begriff »Panmongolismus« stammen nicht von Solov'ev, aber sie sind durch ihn in Russland populär geworden. Er bezeichnet mit »Panmongolismus« das Streben nach Vereinigung »aller Ostasiatischen Völker unter japanischer Führung für den Entscheidungskampf gegen die Europäer« (so Solov'ev, S. 13). Ein »Wort der Schrecken« ist es für ihn, weil er in dieser Vereinigung eine Bedrohung der christlichen Völker Europas, in erster Linie eine Bedrohung Russlands sieht. Die apokalyptischen Erwartungen Solov'evs waren eng verbunden mit seinen Befürchtungen hinsichtlich der »gelben Gefahr«. Gleichzeitig »gefällt ihm der wilde Klang« dieses Wortes, weil er in den »Wehen der Endzeit« die Vorzeichen für den Anbruch des Reiches Gottes sieht. Vgl. etwa Lk 21,31: »Wenn ihr sehet, dass dieses geschieht, so wisset, dass das Reich Gottes nahe ist!« Lohmeyer sagt (S. 86) zu Offb 10,7, die Botschaft vom kommenden Reich des Antichrist sei ein Evangelium, eine »frohe Botschaft«, »weil mit ihm das Kommen des Messias unlöslich verknüpft ist«. Zur Entwicklung der Vorstellung vom Panmongolismus bei Solov'ev siehe DG 8, S. 452, Anm. 125,36.

13 Durch die ausdrückliche Betonung der Verfasserschaft identifiziert Solov'ev sich noch einmal mit dem »Vater Pansofij«, dem fingierten Verfasser der Erzählung. Außerdem war es im Jahre 1900, als die »Drei Gespräche« erschienen, noch nötig, zu betonen, dass dies Motto von Solov'ev selbst stammt, da das Gedicht »Panmongolismus« noch nicht veröffentlicht war. In »Aus Anlass der letzten Ereignisse« bekennt er sich ausdrücklich als Verfasser dieser Strophe (s. o., S. 57).

14 Das Motto und die ersten drei Repliken fehlten im Erstdruck der »Drei Gespräche« in der Zeitschrift »Knižki Nedeli« vom Februar 1900.

Solov'ev hat sie in der Buchausgabe, die im Mai 1900 erschien, hinzugefügt. Zu der Zeit, als Solov'ev die »Drei Gespräche« für die Buchausgabe überarbeitete, bereitete sich in China der Boxeraufstand vor. Solov'evs alte Befürchtungen verstärkten sich und schienen in Erfüllung zu gehen. Vielleicht hat ihn dies veranlasst, das Motto hinzuzufügen.

15 Unter »Panhellenismus« verstand man das Streben, alle Griechen, die auf dem Festland der Balkanhalbinsel, auf den Inseln und in Kleinasien wohnten, zu einem großgriechischen Staat, dessen Hauptstadt Konstantinopel sein sollte, zu vereinen. Seit Beginn der griechischen Aufstände (1821), noch stärker seit der Neugründung des griechischen Staates (1829) war dieser Panhellenismus ein starker Faktor des politischen Lebens in Griechenland, der zu immer neuen diplomatischen und kriegerischen Auseinandersetzungen mit der Türkei führte, so noch am Ende des 19. Jahrhunderts, kurz vor der Niederschrift der »Drei Gespräche«, zu dem griechisch-türkischen Krieg von 1897, der Solov'ev Anlass zum 14. seiner »Sonntagsbriefe« gab (DG 8, S. 64 ff.). Das Wort »Pangermanismus«, bei uns weniger gebräuchlich als bei unseren östlichen (und auch westlichen) Nachbarn, bezeichnet das, was bei uns »großdeutsch« oder »alldeutsch« genannt wurde: das Streben nach der Vereinigung aller deutschsprachigen Menschen »von der Maas bis an die Memel, von dem Etsch bis an den Belt« in einem großdeutschen Reich. Besonders seit der Gründung des »Alldeutschen Verbandes« (gegründet 1891 unter dem Namen »Allgemeiner Deutscher Verband«, seit 1894 »Alldeutscher Verband«) wurde der »Pangermanismus« zu einer von unseren Nachbarn in Ost und West gefürchteten politischen Ideologie. Der Panslawismus entstand etwa gleichzeitig mit dem Panhellenismus, in den zwanziger Jahren des 19. Jahrhunderts. Er erstrebte zunächst kulturelle und literarische Wechselbeziehungen zwischen den zahlreichen slawischen Völkern, wurde dann in Österreich-Ungarn im politischen Sinne weiterentwickelt als Programm für den Zusammenschluss der verschiedenen slawischen Völker innerhalb der Donaumonarchie gegen das Übergewicht des deutschen und des magyarischen Elementes. In Russland wurde der Panslawismus seit den sechziger Jahren zu einem wichtigen politischen Faktor. Er wurde hier verstanden als der mehr oder weniger feste politische Zusammenschluss aller Slawen unter russischer Vorherrschaft. Der Panislamismus endlich entstand im letzten Viertel des 19. Jahrhunderts als Gegenbewegung gegen den Kolonialismus und Imperialismus der christlichen Völker (besonders England, Frankreich, Italien, Österreich-Ungarn, Russland), durch den immer mehr Muslime in den Herrschaftsbereich christlicher Staaten einbezogen wurden. Der Panislamismus wurde zunächst besonders von der Türkei gefördert, hatte aber weit über die damaligen Grenzen des türkischen Imperiums hinaus Einfluss und Bedeutung. Solov'ev

verfolgte diese Bewegung mit großem Interesse, erwartete für den Anfang des 20. Jahrhunderts eine entscheidende kriegerische Auseinandersetzung zwischen dem christlichen Europa und der Welt des Islams (s. S. 54 unten und im Vorwort zur Buchausgabe der »Drei Gespräche«, oben, S. 54; vgl. auch die folgende Anmerkung). Alle diese Ideen waren für Solov'ev »von minderem Wert« (S. 13). Die Nation war für ihn ein relativer, nicht ein absoluter Wert, und sie war für ihn deswegen nicht das einzige Prinzip, auf dem sich Staaten zu gründen haben. (Siehe dazu das Kapitel »Die nationale Frage vom sittlichen Standpunkt aus« in »Die Rechtfertigung des Guten«, DG 5, S. 403 ff.) Er hatte durchaus Sympathien auch für übernationale Herrschaftsgebilde wie das Russische Reich, das Englische Empire, Österreich-Ungarn, bis zu einem gewissen Grade sogar die Türkei. Im zweiten der »Drei Gespräche« wird ausführlich über diese Fragen gesprochen (DG 8, S. 165 ff.). Der Panislamismus ist für ihn aus einem anderen Grunde »von minderem Wert«: Er galt ihm als eine Gegenbewegung: eine Bewegung, die dem Sinn der Geschichte zuwiderläuft, da er der Meinung war, dass die politische, kulturelle und religiöse Einigung der Welt von den christlichen Völkern ausgehen müsse, da allein das Christentum die Menschheit zu ihrem Ziel führe.

16 Der Anfang des Satzes (bis »beschäftigt war«) fehlt in ZS, Solov'ev hat ihn in der Buchausgabe hinzugefügt. Im Vorwort zur Buchausgabe hatte er noch geschrieben, dass er in der »Erzählung« nichts über das von ihm erwartete politisch-militärische Erwachen des Islams gesagt habe; dann erschien es ihm aber offenbar doch so wichtig, dass er den Halbsatz hier eingefügt hat.

17 Korea war vor 1894 ein Tributärstaat Chinas; während des japanisch-chinesischen Krieges wurde es 1894 von den Japanern besetzt, nach dem Krieg als unabhängig erklärt; in den folgenden Jahren wetteiferten Russland und Japan um den Einfluss in Korea. Seit 1907 unterstand es faktisch den Japanern, 1910 wurde es dem Kaiserreich Japan formell einverleibt (Weber-Baldamus, S. 749 f., 795 f., 802). Als Solov'ev die »Erzählung vom Antichrist« schrieb, ging der Kampf um Korea stärker zwischen Japan und Russland als zwischen Japan und China. Die von ihm vorausgesehene Besetzung Koreas ist also ein Erfolg Japans gegen *Russland*, ein erster Sieg des Panmongolismus. Insofern hat Solov'ev die Niederlage Russlands im russisch-japanischen Krieg von 1904–1905 also in allgemeinen Zügen richtig vorausgeahnt, nicht aber in ihren Einzelheiten hellseherisch vorhergesehen.

18 Peking wurde im Chinesisch-japanischen Krieg von 1894 von den Japanern nicht besetzt, war aber zeitweilig doch bedroht. Von 1937–1945 war es von den Japanern besetzt. 1899/1900 war bei der starken

militärischen Überlegenheit der Japaner eine Entwicklung, wie Solov'ev sie hier schildert, durchaus zu erwarten.

19 Die Mandschu-Dynastie wurde 1911 endgültig gestürzt. Ihren Sturz konnte man um 1900 voraussehen.

20 Worin nach Solov'evs Meinung die »inneren Prinzipien des nationalen Lebens« der Chinesen, worin »die tiefsten geistigen Grundlagen Chinas« bestehen, das hat er in einem Aufsatz aus dem Jahre 1890 (»China und Europa«, RG2, Bd. 6, S. 122 f.) folgendermaßen formuliert (deutsch in: »Übermensch und Antichrist«, S. 48): »Die absolute Leerheit oder Indifferenz als spekulatives Prinzip und die Ablehnung des Lebens, des Wissens und des Fortschrittes als notwendige praktische Folgerung: das ist das Wesen des Sinaismus, wenn er in ein exklusives und folgerichtiges System gebracht wird. Indem er alle Rechte allein der Vergangenheit gibt, leugnet er grundsätzlich die Gegenwart und die Zukunft der Menschheit.« Der Sinaismus ist deswegen für Solov'ev der absolute Gegensatz zum Christentum, das er als die Religion des Lebens, der Entwicklung, der Geschichte versteht. Bei einer solchen Auffassung vom Wesen Chinas und vom Wesen des Christentums bedroht die christliche Mission natürlich »die tiefsten geistigen Grundlagen Chinas«. Vgl. auch DG, Erg.-Bd., S. 147.

21 »Völkische Eigenliebe«, russ.: *»plemennoe samoljubie«*, eigentlich »Stammeseigenliebe«. In ZS stand: *»narodnoe i plemennoe samoljubie«* = »Volks- und Stammes-Eigenliebe«. Das erste Adjektiv (*narodnoe* = völkisch, national) hat Solov'ev in B gestrichen. Vielleicht meint er, dass der chinesische Patriarchalismus, den er in dem genannten Aufsatz als die unveränderliche Grundlage der chinesischen Lebensordnung bezeichnet, in China nicht einmal das hat entstehen lassen, was in Westeuropa unter Volk oder Nation verstanden wird, sondern dass China geistig auf dem Standpunkt des Stammeslebens stehen geblieben ist. Vgl. hierzu auch DG 5, S. 567.

22 Statt »die weißen Teufel« stand in ZS »die fremdländischen Räuber«. Solov'ev will durch die Änderung den Fremdenhass der Chinesen noch stärker hervorheben. In der Wochenzeitung »Nedelja«, der Solov'ev nahestand und in deren Monatsbeilage er die »Drei Gespräche« veröffentlicht hat, war am 4. Juli 1899 (Spalte 884) ein Aufruf aus China abgedruckt, in dem die Ausländer als Teufel bezeichnet wurden, die China sobald wie möglich verlassen sollen; täten sie es nicht, so seien die Pläne schon bereit, sie zu schlachten, keiner werde dem Tode entgehen. Nach Verjagung der Ausländer werde China so groß werden, dass es die ganze Welt beherrschen werde. – »Reich der Mitte«: chinesische Bezeichnung des chinesischen Reiches.

23 Ähnliche Gedanken über die Entwicklung der chinesisch-japanischen Beziehungen hat Solov'ev in der »Rechtfertigung des Guten« geäußert; s. DG 5, S. 564 f., und die Anm. dazu auf S. 816.

24 Dieser Satz fehlt in ZS. In der Tat war China um 1900 weitgehend in »Interessensphären« der europäischen Großmächte und Japans aufgeteilt. Eben damals gewann die Reformpartei an Boden, die China zu modernisieren suchte, um es nicht ganz zum Kolonialgebiet der fremden Mächte werden zu lassen.

25 Bogdo Khan (russ.: »*Bogdychan*«) = »Heiliger Fürst«, Titel des chinesischen Kaisers bei den Mongolen. Der Titel war in Russland populär. In den »Weißen Nächten« von Dostoevskij träumt die Heldin Nasten'ka, sie heirate den chinesischen »Bogdychan«.

26 Tongking, das Zentralgebiet des nördlichen Vietnam, stand von 1885 bis 1954 unter französischer Überhoheit.

27 Siam, heute Thailand, stand vom Ende des 19. Jahrhunderts bis nach dem Ersten Weltkrieg unter französischem Einfluss.

28 Burma, im Nordwesten Hinterindiens, stand von 1886 bis 1948 unter englischer Herrschaft. Die folgenden Worte »und ganz Indochina in das Reich der Mitte eingliedern« fehlen in ZS, Zusatz in B.

29 Tsung-li-Yamen: chinesisches Ministerium für die Verbindung mit den Gesandtschaften der fremden Mächte. Die Chinesen nutzen den Gegensatz zwischen Russland und England aus; vgl. dazu im Zweiten Gespräch, DG 8, S. 198. Dass die Chinesen die Bevölkerung von Russisch-Zentralasien gegen die russische Herrschaft in Aufruhr bringen können, sieht Solov'ev wohl als eine Folge der schlechten Nationalitätenpolitik des Russischen Reiches an. Vgl. dazu den ersten der »Sonntagsbriefe«, DG 8, S. 9 ff. – Mit »Ost- und Mittelrussland« in Z. 27 ist der Ost- und Mittelteil des *europäischen* Russland gemeint.

30 Solov'ev will hier und im Folgenden den russischen Politikern und Heerführern klarmachen, dass sie falsch orientiert seien: Russlands Feind stehe nicht im Westen, sondern im Osten; nicht auf einen europäischen Krieg, sondern auf die Auseinandersetzung mit dem »Panmongolismus« müsse es sich rüsten; vgl. dazu noch einmal DG 5, S. 567. Im russisch-japanischen Krieg 1904/05 wirkte sich diese Westorientierung der russischen Militärmacht für Russland katastrophal aus.

31 Der Partisanenkrieg war in Russland seit Napoleons Russlandfeldzug im Jahre 1812 bekannt und populär. Vergleiche etwa die Schilderung von Partisanenkämpfen in Tolstojs Roman »Krieg und Frieden«.

32 »Verspätet« sind diese Revanchegelüste, weil die Weltgeschichte nach Solov'evs Überzeugung in ein neues Stadium eingetreten ist, ein Stadium, in dem die alten nationalen Gegensätze der europäischen Völker keine Rolle mehr spielen dürften. Solov'ev will hier weniger prophe-

zeien als vielmehr warnen. Vgl. dazu sein Vorwort zur Buchausgabe der »Drei Gespräche«, o., S. 51

33 Solov'ev stellt die Franzosen hier als politisch instinktlos dar. Er tut das vielleicht auch deshalb, weil er den deutschen Kaiser Wilhelm II. für den europäischen Politiker hielt, der mit seiner Warnung vor der »gelben Gefahr« und seinem Aufruf zur europäischen Solidarität die weltgeschichtliche Situation am klarsten erfasst habe (vgl. dazu DG 8, S. 453 ff., und DG, Erg.-Bd., S. 280, das Gedicht »Der Drache«, und die Anm. dazu auf S. 352). Frankreich war die Macht, die am wenigsten bereit war, dem Aufruf Kaiser Wilhelms zu folgen. Solov'ev hat über die Franzosen sehr unterschiedlich geurteilt: sehr negativ im Mai 1875 in einem Brief aus Paris (Pis'ma, 2, S. 28). Dagegen nennt er in »Russland und die universale Kirche« Frankreich »die Vorhut der Menschheit« (DG 3, S. 147), aber er tut es in einem Zusammenhang, der dieses von Saint-Simon (1760–1825) stammende Wort leicht ironisiert. Unverhüllt ironisiert er es in dem Brief an den von ihm hochgeschätzten Franzosen Tavernier vom Januar 1898, wo er sagt: Frankreich stehe immer dann an der Spitze der Menschheit, wenn diese auf eine falsche Bahn gerate (DG, Erg.-Bd., S. 186. Dort ist in Z. 3 zu verbessern: statt »es« muss es heißen: »sie«).

34 Zu diesem schlechten Urteil über die französischen Soldaten passt es, dass der Antichrist im weiteren Verlauf der Erzählung kein französisches Kontingent in sein Eliteheer aufnimmt (S. 27). Mit der Nachricht von der Abschlachtung der verbündeten Franzosen durch die Mongolen will Solov'ev zeigen, dass die Verbrüderung sinnlos war; *kein* europäisches Volk kann sich durch Anbiederung bei den Mongolen der Katastrophe entziehen. Der Aufstand der Arbeiter *sans patrie* (»ohne Vaterland«) lässt die Erinnerung an die kommunistischen Aufstände in Paris während des deutsch-französischen Krieges von 1870/71 wach werden.

35 Der Westen öffnet sich dem Osten. Nach Solov'evs Geschichtsauffassung müsste es umgekehrt sein: Der geschichtslose, geistig unlebendige Osten müsste von den lebendigen Prinzipien des Westens durchdrungen werden.

36 Das neue Mongolenjoch wird unterschieden von dem alten, der Herrschaft der mongolischen »Goldenen Horde« über Russland, vom 13. bis zum 15. Jahrhundert. Dass es 50 Jahre dauern soll, ist vielleicht eine Anspielung auf die »fünf Monate« der Heuschreckenplage in Offb 9,5.10. »Fünf Monate« sind in der Sprache der Apokalyptik eine Bezeichnung für einen längeren Zeitraum (Lohmeyer). Wenn Solov'ev in der Einleitung zur Buchausgabe der »Drei Gespräche« (o., S. 51 f.) sagt, dass auch für den Mongolenüberfall Anhaltspunkte in der Heiligen Schrift zu finden seien, so denkt er wohl vor allem an diese Stelle.

In dem Gedicht »Panmongolismus«, Strophe 7, wird das Mongolenheer mit Heuschrecken verglichen (s.o., S. 50). Auch in Offb 9 sind die Heuschrecken nicht wirkliche Heuschrecken, sondern dämonische Wesen. Das jetzt folgende Stück (S. 16) war in der Erstausgabe (ZS) in der Vergangcnheitsform erzählt. Solovev hat es für die Buchausgabe zum stilistischen Ausgleich der Erzählung in das bisher gebrauchte Präsens umgesetzt. Vgl. Anm. 52.

37 *»en grand«*, frz.: »im großen«. – Im alexandrinischen Synkretismus, der der Entstehung des Christentums vorausging, vollzog sich die Synthese der östlichen und der westlichen Mittelmeerkultur in der Stadt Alexandria in Ägypten. In der Endzeit muss sich nach Solov'evs Überzeugung im welthistorischen Maßstab wiederholen, was in der Mitte der Geschichte in kleinerem Rahmen geschehen ist. Vgl. dazu im Vorwort zur Buchausgabe der »Drei Gespräche«, o., S. 51. Auch in anderem Zusammenhang (in dem Enzyklopädie-Artikel über Comte) hat Solov'ev gesagt, die gegenwärtige Phase der geistigen Entwicklung der Menschheit erinnere am meisten an die alexandrinische Epoche (DG 6, S. 281). Statt mit den Worten »In der Sphäre des praktischen Lebens« (wörtlich: »In den praktischen Gebieten des Lebens«) begann der folgende Satz im Erstdruck: »Auf der historischen Oberfläche des Lebens«.

38 Statt der beiden letzten Sätze (von »Der neue Bogdo Khan« an) stand im Erstdruck folgendes: »Bald standen Truppen in der Stärke von zwölf Millionen Mann aus Russland und allen anderen Ländern gestaffelt zwischen dem Ural und der Donau. Als die Heerscharen des Bogdo Khan erschienen, ging die europäische Armee, unter Vermeidung einer offenen Schlacht im ebenen Felde, langsam zurück und zog sich auf den Dnepr zurück. Sie konzentrierte sich auf den Höhen um Kiev und ordnete sich in festen Stellungen in einem riesigen Halbkreis an, der in Richtung auf die heranrückenden Mongolen geöffnet war. Diese gingen in unvorsichtiger Weise in den Halbkreis hinein und wurden aufs Haupt geschlagen. Ihr Rückzug verwandelte sich in eine panische Flucht, als sie erfuhren, dass der tapfere Bogdo Khan durch einen Granatsplitter getötet war. Die zerstreuten Reste des unübersehbaren Heeres kehrten in die Tiefe Asiens zurück, und Europa wurde frei ...« – Da Solov'ev kein Fachmann auf dem Gebiet der Kriegführung war, verzichtete er in der Buchausgabe auf eine so detaillierte Schilderung der Völkerschlacht bei Kiev. In den folgenden Sätzen wird wieder deutlich, dass seine Prophezeiung eher eine Warnung ist: Bei der Uneinigkeit der europäischen Staaten kann es zum Sieg Chinas kommen; sind sie einig, so ist die Katastrophe zu vermeiden. Im Übrigen ist zu beachten: Die Mongolenherrschaft bleibt eine Episode. Der Bogdo Khan ist nicht der Antichrist. Der Antichrist muss gemäß der kirchlichen Tradition aus der Mitte der

christlichen Welt kommen. Vgl. Anm. 44. Andererseits wird der Antichrist aber auch nicht als Sieger über die Mongolen dargestellt, was doch ein glänzender Eingang zu seiner kaiserlichen Laufbahn gewesen wäre. Offenbar hat Solov'ev den Sieg über die Mongolen als etwas so Positives betrachtet, dass er Hemmungen hatte, diese »historische Tat« mit der Gestalt des Antichrist zu verbinden.

39 Solov'ev hält die monarchische Regierungsform jetzt nicht mehr für die beste oder allein mögliche und glaubt offenbar, dass sie auch in Russland verschwinden wird. Vgl. zu dieser Darstellung der politischen Verhältnisse nach dem zweiten Mongolenjoch das in der »Rechtfertigung des Guten«, DG 5, S. 568 f., Gesagte und die Anm. dazu, S. 817 f. Die Zukunftsperspektiven sind dort noch nicht ganz so düster wie hier, in der »Erzählung vom Antichrist«.

40 Nach Anschauung des dogmatischen Materialismus sind qualitative Veränderungen das Ergebnis der Ansammlung sehr langsamer und unmerklicher quantitativer Veränderungen. Etwas ausführlicher hat Solov'ev seine Ablehnung des Materialismus dargestellt und begründet in dem etwa gleichzeitig mit der »Erzählung vom Antichrist« geschriebenen »Vorwort« zur »Geschichte des Materialismus« von F. A. Lange (RG 2, Bd. 9, S. 371–374).

41 Diese Tatsache wird von Solov'ev ebenso positiv gewertet wie die Überwindung des theoretischen Materialismus. Er hält die Vorstellung, »dass ein Etwas aus einem Nichts entstehe, für reinen Unsinn« (DG 5, S. 284 f.). Zu seiner eigenen Weltschöpfungslehre vergleiche vor allem DG 3, S. 344 ff.

42 Nach Solov'evs Meinung muss vor der Wiederkunft Christi die christliche Lehre in so klarer und deutlicher Form dargestellt sein, dass niemand sie mehr aufgrund eines Missverständnisses ablehnen muss, sondern alle Menschen sich *»en connaissance de cause«* in voller Klarheit darüber, worum es geht, für oder gegen sie entscheiden können. Solov'ev nannte diese klare, angemessene Formulierung der christlichen Botschaft die *»instauration générale de la philosophie chrétienne«* (»allgemeine Begründung der christlichen Philosophie«) (DG, Erg.-Bd., S. 181).

43 1 Kor 14,20.

44 »Spiritualist« hier als Gegenteil von »Materialist«: jemand, der glaubt, dass das Materielle eine Erscheinungsform des Geistigen sei. Ein *gläubiger* Spiritualist ist derjenige, für den das geistige Ursein Gott ist. Da die Menschheit über den Materialismus hinausgewachsen ist, es andererseits aber nur »wenige gläubige Spiritualisten« gibt, sind die meisten Menschen entweder gleichgültig gegenüber den letzten Fragen oder sie sind *ungläubige* Spiritualisten. Der Antichrist aber ist weder das eine noch das andere, sondern er vertritt *theoretisch* die Weltanschauung,

die Solov'ev für die richtige hält. Vgl. dazu 1 Joh 2,19: »Von uns sind sie (die Antichristusse) ausgegangen.« Vgl. ferner, was Herr Z. zu Anfang des Dritten Gesprächs über das Antichristentum sagt (DG 8, S. 218).

45 Das Wort »Übermensch« war in den neunziger Jahren durch Nietzsche und seine russischen Anhänger auch in Russland populär geworden. Solov'ev hat sich mit dem von Nietzsche gepredigten Ideal des Übermenschen seit 1894 auseinandergesetzt. Von Anfang an erweckte Nietzsches Übermensch apokalyptische Gedanken in Solov'ev. Vergleiche Solov'evs Aufsätze »Literatur oder Wahrheit?« und »Die Idee des Übermenschen« (DG 8, S. 44 ff., und S. 364 ff., und die Anmerkungen dazu). Vgl. Anm. 78.

45a Offenbar bringt Solov'ev schon durch diese Altersbezeichnung den Antichrist in eine Beziehung zu Jesus Christus. Dieser war nach Lk 3,23 bei Beginn seiner öffentlichen Wirksamkeit etwa dreißig Jahre alt; nach dem Johannesevangelium hat er drei Jahre lang gewirkt. Aus der Kombination dieser Nachrichten errechnete man für Jesus Christus zur Zeit seines Todes ein Lebensalter von dreiunddreißig Jahren. Vgl. auch Anm. 61.

46 Wieso man »an das Gute, an Gott, an den Messias glauben muss«, zeigt Solov'ev in der »Rechtfertigung des Guten«, DG 5, S. 153 und S. 284. Ähnlich wie hier über den Antichrist spricht Solov'ev an anderer Stelle über den russischen Dichter Lermontov: »Bei all seinem Dämonismus glaubte er doch stets an das, was höher und besser war als er selbst, und in manchen lichten Augenblicken empfand er dieses Bessere sogar über sich« (DG 7, S. 415). Auch die Gestalt Lermontovs sah Solov'ev *»sub specie Antichristi venturi«*, unter dem Gesichtspunkt des Kommens des Antichrist.

47 Vgl. hierzu, was Solov'ev in der »Rechtfertigung des Guten«, DG 5, S. 133–135, über den Egoismus sagt, und ebd., S. 748, die Anmerkung zu 134,10. Solov'ev schreibt das persönliche Fürwort, wenn es sich auf Gott oder Christus bezieht, mit großen Anfangsbuchstaben.

48 Vgl. hierzu, was Irenäus, ein griechischer Kirchenvater des 2. Jahrhunderts, über den Antichrist sagt: »Er wird aus eigenem Willen den Abfall wiederholen und aus freiem Willen und Gutdünken all das wirken, was er wirken wird ... Gott aber, der gemäß seiner Vorsehung alles weiß, wird zu geeigneter Zeit den senden, der ein solcher sein wird ...« (Ausgabe von A. Stieren, Bd. 1, Leipzig 1853, S. 794). Für Solov'ev wie für Irenäus verbindet sich mit der Gestalt des Antichrist die Frage nach der Prädestination. Eine Prädestination zum Bösen lehnt Solov'ev ab; auch den Antichrist hat Gott nicht für diese heilsgeschichtlich notwendige Rolle ausgewählt, aber er weiß doch seinen Weg im Voraus. Zu Solov'evs Anschauung von der Prädestination vgl. DG 6, S. 483 und 670. – Solov'ev hat das Werk des Irenäus gut gekannt. Seine Anschau-

ungen über den Antichrist stehen denen des Irenäus sehr nahe. Vgl. auch die Darstellung des Antichrist durch Johannes von Damaskus, siehe Anm. 94.

49 In den »Geistlichen Grundlagen des Lebens« hatte Solov'ev als die erste, einfachste Versuchung die der sinnlichen Lust bezeichnet, als zweite die des Verstandes, des Eigendünkels, der Selbstüberschätzung oder Selbsterhöhung, als dritte und schwerste die der Liebe zur Macht (DG 2, S. 39–48; so auch im »Sonntagsbrief« Nr. 6, DG 8, S. 30). Jetzt ist die Reihenfolge eine andere geworden: Die dritte ist an die zweite Stelle gerückt und die zweite an die dritte Stelle; sie heißt jetzt allerdings nicht mehr bloß »Eigendünkel« (russ.: *»samomnenie«*, eigentlich: »Selbstmeinung«), sondern »Eigenliebe«, »Selbstliebe« (*»samoljubie«*). Diese Selbstliebe ist für Solov'ev nicht eine Sünde neben anderen, sondern die Ursünde; der Teufel selbst wird bezeichnet als der »listige Geist der Selbstliebe« (DG 2, 47). »Das Leben eines Menschen, der von ungezügelter Selbstliebe beherrscht ist, verwandelt sich in eine einzige zusammenhängende Sünde ... Wenn die Selbstliebe in unserer Seele die Überhand gewinnt, dann wird logischerweise Geistesgestörtheit oder Selbstmord der Ausgang sein« (ebd.) Von hier aus ist auch der späterhin folgende Selbstmordversuch des Antichrist zu verstehen. Diese maßlose Eigenliebe findet Solov'ev auch wieder bei Lermontov. »Die erste und grundlegende Besonderheit der Genialität Lermontovs liegt darin, dass seine Gedanken in erschreckender Weise angespannt und auf ihn selbst, auf das eigene Ich konzentriert waren« (DG 7, S. 411).

50 Ähnliches sagt Solov'ev wiederum von Lermontov: »Von früher Jugend an spürte Lermontov in sich die Kraft des Genius, doch fasste er sie nur als Recht, nicht als Verpflichtung, als Privileg, nicht aber als Dienst auf. Er meinte, seine Genialität gebe ihm die Vollmacht, alles, was er wollte, von den Menschen und von Gott zu fordern, ohne dass er ihnen gegenüber zu irgendetwas verpflichtet wäre ...« (DG 7, S. 413).

51 Auch die Saint-Simonisten sahen in Christus den Vorläufer des Offenbarers der endgültigen Wahrheit – ihres Meisters Saint-Simon (1760–1825). Ähnlich Ch. Fourier (1772–1837) und W. Weitling (1808–1871), die beide »sich selbst als den zweiten Messias ansahen, der die geistige Revolution des ersten durch die soziale ergänzen würde« (Thilo Ramm, »Der Frühsozialismus«, 1956, S. 31). Ähnlich beurteilt auch der französische Schriftsteller Victor Hugo (1802–1885) sein Verhältnis zu Christus. Dieser war nach Hugos Meinung die Morgenröte; mit ihm, Hugo, erst gehe die wahre Sonne auf. Vgl. dazu Denis Saurat, »La religion de Victor Hugo«, 1929, S. 198. Die sittliche Tat Christi war eben die völlige Selbstentsagung, Selbstentäußerung (vgl. Phil 2, 5-11); und gerade sie kann dem »durch Eigenliebe verfinsterten Geist« unmöglich verständlich sein.

52 Für eine Geschichtsanschauung, die die Geschichte als ständigen Fortschritt betrachtet, ist in der Tat das, »was in der Ordnung der Zeit später erscheint«, das Höhere, Vollkommenere. Diese Geschichtsanschauung aber war im 19. Jahrhundert herrschend. So sagt David Friedrich Strauß (s. Anm. 118) in seinem »Leben Jesu« (Bd. II, S. 748) tatsächlich so wie hier der Antichrist: »Was in der Zeit später kommt, ist höher als das Vorangehende«. Auch für Solov'ev galt dieses Gesetz in gewisser Hinsicht; die Person Christi aber fällt seiner Meinung nach nicht unter dieses Gesetz, weil Christus »nicht das letzte Wort des Reiches der Menschheit, sondern das erste und alleine Wort des Reiches Gottes war«, wie Solov'ev 1896 in der »Rechtfertigung des Guten« geschrieben hatte (DG 5, S. 293 f.). Was er damals über die Stellung Christi in der Weltgeschichte gesagt hatte, blieb für ihn gültig; etwas skeptischer war er in der Zwischenzeit vielleicht hinsichtlich des Fortschritts in der Geschichte geworden. Vergleiche dazu, was er in seinem letzten Aufsatz (»Aus Anlass der letzten Ereignisse«) über die »gängigen Theorien des Fortschritts« gesagt hat (s. o., S. 59). – Anders als der Antichrist urteilt Johannes der Täufer (nach Joh 1,27) über seine Stellung zu Christus: »Nach mir wird kommen, der vor mir gewesen ist, des ich nicht wert bin, dass ich seine Schuhriemen auflöse«. Das Erzähltempus geht mit Beginn des folgenden Satzes aus dem Präteritum ins Futur über. Dieser Wechsel ist vielleicht dadurch zu erklären, dass Solov'ev, der offenbar lange an dieser »Erzählung vom Antichrist« gearbeitet hat, mehrere Fassungen ausgearbeitet und sie dann später zusammengefügt hat. Dadurch sind manche Spannungen und kleine Unstimmigkeiten in der Erzählung zu erklären. Eine dieser Fassungen könnte im Präteritum, eine andere im Futur geschrieben worden sein. Einzelnes zu dieser Frage siehe in DG 8, S. 421–425; vgl. auch in diesem Band Anm. 55; 61; 77; 89; 105; 161.

53 Über das »zweite Kommen« oder die Wiederkunft Christi vergleiche im Evangelium besonders Mk 13,26 und Mt 24,30. – Dass der »wiederkommende Christus« ein anderer sein werde als der, der in Jesus Christus erschienen ist, meinte auch der berühmte russische Maler Aleksandr Ivanov (1806–1858), der von D. F. Strauß beeinflusst war (D. Ciževski, »Aus zwei Welten«, S. 304).

54 »Mensch der Zukunft«, russ.: *»grjaduscij čelovék«*, wörtlich: »der kommende Mensch«, vielleicht in Anlehnung an 1 Joh. 2,18, wo vom Kommen des Antichrist die Rede ist, und an Offb 1,4, wo Christus »der Kommende« genannt wird. Noch näher steht eine Wendung des Irenäus (s. zu 46), der den Antichrist bezeichnet mit den Worten *»ille, qui venturus est«* (= »derjenige, der kommen wird«) (S. 787). – Solov'ev will mit dieser Bezeichnung einerseits wohl die Gewissheit, die Unvermeidlichkeit des Kommens des Antichrist andeuten, andererseits sagen, dass

er »schon im Kommen« sei. – In anderem Zusammenhang bezeichnet Solov'ev mit der gleichen Wendung den in Gen 3,15 verheißenen Sieger über die Schlange, also den Messias, Christus (RG2, Bd. 4, S. 575).

55 Über Muhammed hat Solov'ev eine ausführliche Studie geschrieben, in der er ihn ähnlich positiv beurteilt wie hier (RG2, Bd. 7, S. 201 ff.). – Der Antichrist wird hier zum Erstaunen des Lesers noch verhältnismäßig positiv beurteilt. Vorher war über ihn ja schon gesagt, dass sein Hauptcharakterzug grenzenlose Eigenliebe und dass sein Geist von dieser Eigenliebe verdunkelt sei – Dinge, die Solov'ev über Muhammed nicht gesagt hätte. Hier ist deutlich zu spüren, dass Solov'ev mehrere Konzeptionen vom Leben und Charakter des Antichrist hatte und dass diese in der uns vorliegenden Erzählung nicht völlig ausgeglichen sind.

56 Hier berühren sich die Gedanken des Antichrist sehr eng mit denen des Großinquisitors in Dostoevskijs Poem aus den »Brüdern Karamazov« (entstanden 1878–1880). Christus brachte die Vertiefung des Gewissens und darum die Scheidung der Geister; der Großinquisitor verbessert das Werk Christi, er überwindet die Unterscheidung von Gut und Böse und bringt das »Glück«. Vgl. auch die Frühsozialisten, »die die geistige Revolution des ersten Messias durch die soziale des zweiten ergänzen wollten« (s. o., Anm. 49).

57 Der Antichrist als Nachahmer und negatives Gegenbild Christi denkt und redet vielfach in genau zitierten oder charakteristisch verdrehten Bibelsprüchen. Zu dieser Stelle vgl. Mt 5,45. Wie dieses vom Antichrist richtig zitierte, aber seinem Sinn nach entstellte Wort Jesu in Wirklichkeit zu verstehen ist, zeigt Solov'ev in DG 5, S. 267.

58 Mt 10,34; Joh 14,27.

59 Drohung mit dem Jüngsten Gericht etwa Mt 10,15.

60 Der Begriff der »verteilenden Gerechtigkeit« *(»pravda raspredelitel'naja«)* findet sich schon bei Thomas von Aquin *(»justitia distributiva«)*, s. Gleixner, Anm. 31 zu S. 206, und meine Anmerkung in DG 5, S. 811, zu 534,12 v. u. Zu dem Prinzip »Jedem nach seinen Bedürfnissen« vgl. Anm. 103. Auch hier wieder bestehen gewisse Parallelen zu Victor Hugo, der den Dualismus von Gut und Böse überwinden, die »Hölle revidieren« wollte (Saurat, »La religion de Victor Hugo«, 1931).

61 Diese Altersangabe steht nicht direkt im Gegensatz, aber doch in einer gewissen Spannung zu der früher (S. 18) gegebenen, wo er schon »an die dreiunddreißig Jahre« alt war. Wieder sehen wir die Spuren mehrfacher Bearbeitung des Stoffes. Gleichzeitig sieht man, dass Solov'ev in beiden Fassungen auf die Altersangabe Wert legt, ohne Zweifel, weil das Leben des Antichrist eine negative Entsprechung zum Leben Jesu sein soll. Vgl. Anm. 57.

62 »Galiläer« hier im verächtlichen Sinne, wie schon im Neuen Testament: Joh 7,52; Mk 14,70. – Die letzten Worte des Kaisers Julian des Abtrünnigen (361–363) waren der Legende nach: »Endlich hast du gesiegt, Galiläer!« Vgl. dazu auch das Drama »Kaiser und Galiläer« (1873) von Henrik Ibsen (1828–1906).

63 Offb 1,17: Christus spricht: »Ich bin der Erste und der Letzte und der Lebendige, und ich war tot, und siehe, ich lebe von Ewigkeit zu Ewigkeit«. Vgl. auch Offb 2,8.

64 Zuerst entscheidet sich der Antichrist gegen Christus; dann leugnet er seine Auferstehung. Er glaubt sie nicht, weil er sie um seiner Selbstbehauptung willen nicht glauben will. Die Auseinandersetzung mit Tolstoj um die Auferstehung Christi, die im dritten der »Drei Gespräche« (DG 8, S. 254 ff.) geführt worden war, erscheint hier, in der Erzählung des Pansofij, in neuem Aspekt.

65 »mit Schaum vor dem Munde«: So hat Solov'ev in der ersten Ausgabe der »Rechtfertigung des Guten« auch über Nietzsche gesagt. Siehe dazu DG 5, S. 723, Anm. 24,3.

66 Vgl. hierzu Solov'evs Nachwort zu den »Geistlichen Grundlagen des Lebens« (geschrieben 1897): »Man braucht nur, bevor man sich zu irgendeinem Schritt entschließt, der für das persönliche und gesellschaftliche Leben Bedeutung hat, in seiner Seele das sittliche Bild Christi wachzurufen, sich darauf zu konzentrieren und sich zu fragen: Könnte Er diesen Schritt tun?« (DG 2, S. 152).

66a Die Ablehnung des Mitleids erschien Solov'ev als einer der charakteristischen Züge in der Philosophie Nietzsches (RG2, Bd. 7, S. 72; Müller, »Nietzsche und Solovjev«, S. 501).

67 Warum stürzt sich der Antichrist in den Abgrund? Vgl. hierzu Anm. 47. Offenbar will der Antichrist lieber in dem Bewusstsein, dass Christus tot und verwest sei, in den Tod gehen, als sich durch weiteres Leben der Gefahr aussetzen, ihn doch noch als Lebendigen und als Herren anerkennen zu müssen. Der Antichrist versucht, seinen Gegner zu besiegen, indem er sich ihm für immer entzieht. Er empfängt im Folgenden seine Existenz von demjenigen zurück, der sich nicht mit diesem passiven Widerstand gegen Gott und die Wirklichkeit zufriedengibt, sondern der Gott und die Wirklichkeit aktiv bekämpft. Vgl. hierzu auch, was der junge Solov'ev 1874 in der »Krisis der westlichen Philosophie« geschrieben hatte: Der grenzenlose Wille des Menschen zur Selbstbehauptung scheitert an der Objektivität der Welt. »Vor dieser äußeren Wirklichkeit, die meine Göttlichkeit früher oder später in eine Würmerspeise verwandelt, ist meine Selbstbehauptung absolut machtlos. Das einzige Mittel, meine Selbstbehauptung gegen das natürliche Gesetz, meine Unabhängigkeit von ihm zu wahren, ist der Selbstmord« (RG2, Bd. 1, S. 125). – Vgl. weiterhin in DG, Band 8, S. 319, und den

Selbstmord Kirillovs in Dostoevskijs »Dämonen«. Weiter ab steht Fausts Selbstmordversuch in der ersten Szene von Goethes »Faust«. – Zu den Spuren Nietzsches in dieser »Berufungsvision« des Antichrist vgl. Müller, »Nietzsche und Solov'ev«, S. 512 f.

68 Solov'ev will den Leser nicht zwingen, an eine »reale« Vision zu denken. Die Stimme des absolut Bösen, des absoluten Selbstwillens, der absoluten Selbstbehauptung kann auch aus der Tiefe des sich selbst wollenden Ich kommen. Vgl. Anm. 80.

69 Vgl. Mk 1,11. Die Rede des Teufels an seinen Adoptivsohn besteht fast ganz aus leicht abgewandelten, aber dadurch in ihrem Sinn entstellten, ins Gegenteil verkehrten Bibelworten. Vgl. Anm. 55.

70 Vgl. Jes 53,2 über den leidenden Gottesknecht: »Er hatte keine Gestalt noch Schöne.«

71 Vgl. die christologischen Formulierungen des Nizänischen Glaubensbekenntnisses: »und an den einen Herrn Jesus Christus, den eingeborenen Sohn Gottes, ... eines Wesens mit dem Vater«. Das Wort »eingeboren« fehlt in ZS, Solov'ev hat es in B hinzugefügt und den Anklang an das Nizänische Glaubensbekenntnis dadurch noch verstärkt.

72 Der Teufel braucht nichts zu fordern; ihm genügt, dass der Mensch sich selbst will, mit sich zufrieden ist, sich selbst bewundert.

73 Vgl. Joh 5,43: »Ich bin gekommen in meines Vaters Namen, und ihr nehmet mich nicht an. So ein anderer wird in seinem eigenen Namen kommen, den werdet ihr annehmen.« Vgl. Anm. 87. – Der Teufel setzt voraus, dass Gott neidisch sei auf den großen, starken, glücklichen Menschen. Vergleiche dazu Gen 3,5, wo der Versucher gleichfalls den Neid Gottes voraussetzt. Auch der griechischen Antike war dieser Gedanke geläufig; vgl. Herodot, »Historien«, I, 32; III, 40; von dort übernommen in Schillers »Ring des Polykrates«; vgl. auch Goethes »Prometheus«, Nietzsche, »Menschliches, Allzumenschliches«, II, 2, Aph. 29 f.

74 Phil 2,8: »Er erniedrigte sich selbst und ward gehorsam bis zum Tode, ja bis zum Tode am Kreuz.«

75 »er half ihm nicht«. Vgl. dazu Mt 27, 43.

76 Joh 20,22.

77 Vgl. Ps 2,8. Den Ausdruck »zeugen in Schönheit« übernimmt Solov'ev aber von Platon. In dem Aufsatz »Das Lebensdrama Platons« (1898) fordert Solov'ev, dass das »Zeugen in Schönheit«, das Platon als die Aufgabe des Eros bezeichnet hatte, überhöht, übertroffen werde von höherer Zeugung. Der höhere Eros »muss sich richten auf die Wiedergeburt oder Auferweckung des (natürlichen) Lebens zur Unsterblichkeit« (DG 7, 319 f.). Aber das »Zeugen in Kraft«, das der Teufel hier vollzieht, ist wieder eine Umkehrung dessen, was mit jener Forderung eigentlich gemeint war: Der Antichrist wird nicht durch Selbst-

entsagung und Selbstopfer wiedergeboren zu ewigem Leben, sondern durch Anstachelung des Selbstwillens und der Selbstbehauptung wird zwar seine natürliche Kraft aufs höchste gesteigert, aber diese Kraft ist vergänglich und Schein wie die natürliche Schönheit, und sie dient nur zum Verderben und Untergang für die Welt und für ihn selbst. Mit der »Zeugung in Schönheit« ist hier die Zeugung der naturhaften Leiblichkeit des Antichrist gemeint, der ja ein besonders schöner Mensch ist (vgl. S. 19). Wenn der Teufel sagt, er habe ihn »früher in Schönheit gezeugt«, so wird damit die Zeugung des Antichrist durch den bösen Geist in antithetische Beziehung zur kirchlichen Lehre von der übernatürlichen Geburt Jesu Christi gebracht. In einer gewissen Spannung zu diesem Bericht über die Zeugung des Antichrist steht der später folgende, nach dem er aus Hurerei gezeugt ist (94). Schon in der altkirchlichen Theologie sagten die einen, der Antichrist werde durch einen bösen Geist, andere, er werde aus Hurerei gezeugt (s. Anm. 94 und zu DG 8, 124,30).

78 Hier wird der Antichrist zum ersten Male *vom Erzähler* »Übermensch« genannt; bisher hieß es nur, dass er von anderen und von sich selbst dafür gehalten worden sei. Für Solov'ev gibt es zwei Übermenschen: Christus und den Antichrist, der in dieser Berufungsvision dazu geworden ist und der darum von jetzt an diesen Namen mit Recht führt. Vgl. dazu den »Sonntagsbrief« Nr. 11, »Literatur oder Wahrheit?« (DG 8, S. 47) und »Die Idee des Übermenschen« (DG 8, S. 374 f.). – Vgl. Anm. 43.

79 Es ist eine alte und weitverbreitete Vorstellung, dass vom Heiligen Geist Wärme und Feuer ausgehen, vom Teufel aber Kälte. Vgl. etwa Johann Arnd, »Sechs Bücher vom wahren Christentum«, Buch II, Kap. 29: Die Gaben Gottes sind Boten seiner Barmherzigkeit, sie „tragen Feuer und Flammen, damit des Menschen Herz, so mit einer tödlichen Kälte erfroren und übereiset ist, möchte in Gottes Liebe wieder erwärmet werden. Dennoch vermögen so viele feurige und flammende Boten Gottes nicht das todkalte und erfrorene Herz zu erwärmen. Und ist demnach dieses das höchste Wunderwerk des Teufels, das er kann, dass er ein menschlich Herz so eiskalt machet, dass es so viel Flammen der Liebe Gottes nicht erwärmen können«. Ähnlich der hl. Barsonophius (siehe DG 8, S. 484 f.): »Gott ist ein Feuer, das Herz und Nieren erwärmt. Der Teufel aber ist kalt, und alle Kälte kommt von ihm her. Wenn wir nun Kälte spüren, so wollen wir Gott anrufen, und der wird kommen und unser Herz wärmen zu seiner völligen Liebe ..., und vor seiner Wärme wird die Kälte des Bösen weichen.« Auch bei Goethe gehören der »Selbstsinn« und eisige Kälte zusammen; vgl. die »Elegie« in der »Trilogie der Leidenschaft«, Strophe 14: Vor der Liebe, »wie vor

der Sonne Walten«, »zerschmilzt, so längst sich eisig starr gehalten, der Selbstsinn tief in winterlichen Grüften«.

80 Solov'ev forderte von dem Erzähler »phantastischer« Geschichten, dass er das Phantastische nicht in absolut unerklärlicher Weise in unsere Wirklichkeit eintreten lasse, sondern dass immer auch eine rationale Erklärung möglich bleibe (DG 7, S. 378 ff., S. 419 ff.). Dadurch, dass der Antichrist sich am Ende seines Erlebnisses am Abgrund wieder im Garten seines Hauses befindet, ermöglicht Solov'ev es dem Leser, dies alles als Traum oder als Halluzination aufzufassen. Vgl. Anm. 65.

81 Nach dem bekannten Wort: »Es gibt keinen Helden für den Kammerdiener.« Siehe dazu Büchmann, S. 614 f.

82 Nietzsche berichtet im »Ecce homo«, in dem Kapitel über »Also sprach Zarathustra«, Abschnitt 4, mit welcher erstaunlichen Leichtigkeit und Schnelligkeit er dieses Werk geschrieben habe. Allerdings ist »Ecce homo« erst nach Nietzsches und Solov'evs Tod, 1908, veröffentlicht worden.

83 Man hat diese Darstellung der Synthese des Antichrist so gedeutet, als verwerfe Solov'ev jetzt die große Synthese von Philosophie und Religion, von Politik und Christentum, nach der er früher selbst gestrebt habe, als polemisiere er gegen seine früheren Anschauungen und Bestrebungen, als sehe er in ihnen jetzt etwas Antichristliches. Ich glaube, das ist nur teilweise richtig. Nicht das ist *böse, dass* der Antichrist nach einer Synthese der hier genannten Prinzipien strebt, sondern *wie* er diese Synthese zu verwirklichen sucht, was im darauffolgenden Satz geschildert wird. Wie die wahre Synthese sich vollziehen muss, schildert Solov'ev schön in DG 1, S. 549 f. In der Erstausgabe ging der folgende Satz nur bis »anzunehmen«, die zweite Satzhälfte hat Solov'ev in der Buchausgabe hinzugefügt.

84 Vgl. DG 8, S. 221, Z. 9–12 und 21–34, über den »schlechten Frieden«, der »gegründet ist auf der äußeren Vereinigung dessen, was sich innerlich in Feindschaft miteinander befindet«. Ähnlich J. G. Fichte in »Grundzüge des gegenwärtigen Zeitalters« (1804/1805): Im »dritten Zeitalter« sind »klassische Schriften diejenigen, die jedermann so, wie er eben ist, lesen, und nach deren Weglegung er wiederum sein und ferner bleiben kann, wie er zuvor war«.

85 Die Hoffnung und Erwartung des Politikers aus dem zweiten der »Drei Gespräche« (DG 8, S. 240) hat sich erfüllt: Der Begriff der europäischen Kulturwelt ist gleichbedeutend geworden mit dem der Menschheit. Aber diese vom Politiker so heiß ersehnte Epoche erweist sich als die Zeit des Kommens des Antichrist.

86 »ganze Wahrheit«, russ.: *»vsecelaja pravda«*. Zu *»pravda«* s. DG 5, S. 721. *»vsecelyj«* = »ganzheitlich«, eigentlich »allganz«, ist ein für die Philosophie Solov'evs wichtiger Begriff; vgl. dazu besonders sein Werk

»Die philosophischen Prinzipien eines ganzheitlichen *(cel'nyj)* Wissens« (RG2, Bd. 1, S. 250–406).

87 Joh 5,43. Vgl. Anm. 70.

88 In dem Aufsatz »Der Verfall der mittelalterlichen Weltanschauung« (RG2, Bd. 6, S. 378 ff.) hatte Solov'ev die Meinung geäußert, dass das Christentum von den Verkündern des sozialen Fortschritts manchmal besser vertreten worden sei als von den christlichen Kirchen. Solov'ev nimmt diese These hier nicht zurück, aber er zeigt, dass man sie auch nicht umkehren darf: Das Eintreten für sozialen Fortschritt braucht nicht unbedingt praktisches Christentum es kann u. U. sogar die Maske des Antichrist sein.

89 Im Folgenden wechselt der Erzähler wieder das Tempus; er geht aus dem Futur zum Präteritum über. Vielleicht hat der erste Entwurf der »Erzählung vom Antichrist« erst hier, mit dem jetzt folgenden Bericht über den »Berliner Kongress« begonnen. Siehe DG 8, S. 424, und Anm. 50. – Warum lässt Solov'ev den Kongress in *Berlin* stattfinden? Vielleicht denkt er an den Berliner Kongress von 1878; er hielt Deutschland wohl für die bedeutendste politische und militärische Kraft in Europa; vgl. dazu auch seine Bewunderung Kaiser Wilhelms II. Ferner war Deutschland ja auch im Mittelalter Träger des Römischen Reichsgedankens gewesen. Wenn der Antichrist (nach 94) seiner Herkunft nach auch übernational ist, so gehört er als der Verfasser eines Buches über Bibelkritik und als künftiger Ehrendoktor der Theologischen Fakultät von Tübingen doch irgendwie in besonderer Weise in die deutsche Tradition. Auch die Gestalt des Deutschen Nietzsche könnte von Bedeutung sein.

90 Die Worte »die mit der Befreiung vom mongolischen Joch verbunden waren« fehlen in ZS, sie sind Zusatz der Buchausgabe, hinzugefügt zum Ausgleich zwischen den verschiedenen Fassungen; vgl. die vorangehende Anmerkung. Die »inneren Kriege« sind hier etwas anderes als S. 13: dort *»meždousobija«* = »Fehden« (zwischen europäischen Staaten), hier *»vnutrennie vojny«* = »Bürgerkriege«.

91 Solov'ev glaubte offenbar wie viele andere, dass eine internationale Vereinigung der Freimaurerlogen erheblichen Einfluss auf die große Politik habe. Die Freimaurerlogen waren auch in Russland weit verbreitet und hatten besonders im 18. und zu Beginn des 19. Jahrhunderts einen tiefen Einfluss auf die russische Bildungsschicht. Vgl. dazu L. Tolstojs Roman »Krieg und Frieden«. Vgl. hierzu auch DG 5, S. 569 und S. 863, unter »Freimaurer«.

92 Zu dem Ausdruck »Mensch der Zukunft« s. o., Anm. 54. Der Antichrist wird in den folgenden Sätzen in überraschender Weise noch einmal eingeführt, nachdem vorher schon ausführlich von ihm die Rede war und jetzt mit Eigenschaften, die zwar nicht im Widerspruch, aber

doch in einer gewissen Spannung zu den früher berichteten stehen (vorhin großer Denker und Schriftsteller, jetzt aber gelehrter Artillerist und Großkapitalist). Dies weist wieder auf Uneinheitlichkeit in der Konzeption der Erzählung hin. Vgl. Anm. 52.

93 Dieser Satz fehlt im Erstdruck. Solov'ev hat ihn in der Buchausgabe hinzugefügt. Offenbar wollte er durch diesen Zusatz den Aufstieg des Antichrist zum Weltherrscher irgendwie soziologisch verständlich machen. Beherrschung der Kriegstechnik, unerschöpfliche Finanzquellen und freundschaftliche Verbindungen zu Militär- und Finanzkreisen sind die notwendige Voraussetzung für diesen Aufstieg. Auch Napoleon war zunächst Artillerist, worauf Victor Hugo in seinem Roman »Les miserables« besonders hinweist.

94 Die ungesetzliche Herkunft des Antichrist steht in Antithese zum biblischen Bericht über die übernatürliche, vaterlose Geburt Christi; die Erzeugung des Antichrist »aus Hurerei« wird in der patristischen Literatur verschiedentlich behauptet; vgl. etwa, was Johannes von Damaskus (gest. 749) in »*De fide orthodoxa*« über den Antichrist schreibt: »Nicht der Teufel selbst also wird Mensch nach der Art der Menschwerdung des Herrn. Das sei ferne! Nein, ein Mensch wird aus Hurerei erzeugt und empfängt die ganze Wirksamkeit des Satans. Denn Gott, der die ganze Verkehrtheit seines künftigen Willens vorausweiß, gestattet dem Teufel, in ihm zu wohnen. Erzeugt also wird er, wie gesagt, aus Hurerei und in der Verborgenheit aufgezogen, und plötzlich steht er auf und erhebt sich und herrscht. Und im Anfang seiner Herrschaft oder vielmehr Gewaltherrschaft heuchelt er Heiligkeit. Wenn er aber mächtig geworden ist, verfolgt er die Kirche Gottes und offenbart seine ganze Schlechtigkeit ... Er wird die, deren Denken eine schwache, nicht starke Grundlage hat, täuschen.« (Deutsch von D. Stiefenhofer, 1923, S. 259 f.) Vgl. Anm. 77 und die zu DG 8, 124,30.

95 Der Römische Kaiser ist Symbol für die politisch geeinte Menschheit. Im Neuen Testament wird er einerseits positiv beurteilt, als Inhaber der Ordnungsmacht (Röm 13; Mt 22,21), andererseits negativ, als derjenige, der diese Macht missbraucht und sich göttliche Ehren erweisen lässt (bes. in der Offb). Im Geschichtsbild Solov'evs hat der Römische Kaiser eine hohe, meist positive Bedeutung. Es ist zu beachten, dass die Wahl des Antichrist »ohne Abstimmung«, also nicht ganz legal, vollzogen wird, ebenso wie später die Wahl des Apollonius zum Papst. Die Institutionen sind nicht an sich böse; aber alle Ämter können vom Antichrist leicht usurpiert und alle staatlichen und kirchlichen Institutionen überspielt, »gleichgeschaltet«, in Besitz genommen werden. Vgl. u., die Anm. zu 182.

96 Der Antichrist liebt es, salbungsvoll zu reden und Bibelworte in seine Rede einfließen zu lassen. Vgl. hier Joh. 14, 27.

97 Die Verheißungen des ewigen Friedensreiches finden sich im Alten und im Neuen Testament, etwa Jes 2,4; Lk 2,14.

98 Joh 20,26.

99 »Reichsparteien«, russ.: *»imperialistskie partii«*, wörtlich: »imperialistische Parteien«, »Imperiumsparteien« – das heißt: solche Parteien, die die Überwindung des nationalstaatlichen Prinzips und den Zusammenschluss der Menschheit in einem übernationalen Imperium, dem neuen Römischen Reich, wollen. Auch dieses Streben ist nach Solov'ev durchaus berechtigt (vgl. Anm. 15). Aber alle positiven Bestrebungen der Menschheit vermag der Antichrist sich zunutze zu machen; kein gutes Prinzip ist sicher vor der Pervertierung.

100 Offenbar hält Solov'ev die Soldaten der hier genannten Völker in der hier gegebenen Reihenfolge für die besten. Über die russischen und deutschen hat er am Anfang der »Erzählung vom Antichrist« (S. 13f.), über die türkischen im zweiten der »Drei Gespräche« (DG 8, 184) lobend gesprochen. Die polnischen und ungarischen Soldaten hatten aus den hoffnungslosen, aber mutig geführten Aufstandskriegen des 19. Jahrhunderts einen guten Ruf. Von den französischen Truppen war anlässlich der Mongoleninvasion wenig günstig gesprochen, die Engländer kauften sich los (S. 16). Im zweiten der »Drei Gespräche« war auch von den amerikanischen und spanischen Truppen wenig günstig gesprochen (DG 8, S. 188f.).

101 Mit der Friedensliga ist wohl weniger die internationale Friedenskonferenz gemeint, die im Jahre 1899 im Haag zusammengetreten war (s. DG 8, zu 129,20), sondern eher eine der zahlreichen im 19. Jahrhundert gegründeten Friedensgesellschaften, am ehesten die *Ligue internationale de la paix et de la liberté*, deren erster Kongress im September 1867 in Genf gehalten wurde, als nach dem Sieg Preußens über Österreich (1866) die Gefahr eines deutschfranzösischen Krieges drohte. Dostoevskij hat als Zuhörer an diesem Kongress teilgenommen und in seinen Briefen vom 15. und vom 29. September 1867 sehr abfällig darüber berichtet (Dostoevskij, »Pis'ma«, Bd. 2, 1930, S. 37f., 44, 390, 397). Auch in den »Dämonen« erwähnt er ihn (Teil 1, Kap. 3, Abschnitt IV). – Das Organ dieser Friedensliga hieß *»Les états-unis d'Europe«* (»Die vereinigten Staaten von Europa«). Zu den Friedenskongressen des 19. Jahrhunderts s. den Artikel »Kongressy mira« in »Brockhaus-Efron«, 1895. Das Wort »Friedensbringer« (russ.-kirchenslaw.: *»mirotvorec«*) in der folgenden Zeile spielt an auf die Seligpreisung in Mt 5,9. Die drei Jahre der Herrschaft des Antichrist entsprechen den drei Jahren der öffentlichen Wirksamkeit Jesu (nach dem Johannesevangelium). Die drei großen Werke, die der Antichrist in diesen drei Jahren tut, sind dieselben, zu denen der Versucher in der Wüste nach dem Bericht der Evangelien (Mt 4,1-11, Lk 4,1-13)

und der Interpretation, die Dostoevskij in der „Legende vom Großinquisitor« (in den »Brüdern Karamazov«) der Versuchungsgeschichte gegeben hat, Jesus hat überreden wollen: Er vereinigt »alle Reiche der ganzen Welt« (Lk 4,5) unter seiner Herrschaft, er gibt den von ihm beherrschten Völkern ausreichend Brot, und schließlich unterhält und ergötzt er sie durch unerhörte Schauwunder. – Solov'ev selbst hat in den »Geistlichen Grundlagen des Lebens« eine Betrachtung über die Versuchungen Christi geschrieben (DG 2, S. 96 ff.), in der er sie ähnlich deutet wie Dostoevskij.

102 Vgl. Mt 11,28: »Kommet her zu mir alle, die ihr mühselig und beladen seid; ich will euch erquicken.« Die Worte des Antichrist sind wieder eine Abwandlung von Worten Christi abgewandelt gemäß dem Ratschlag, den der Versucher in der Wüste Christus gegeben hat (Mt 4,3).

103 Das Prinzip »Jedem nach seinen Fähigkeiten und jeder Fähigkeit nach ihren Werken« war die Devise der Saint-Simonisten, der Anhänger der auf Henri de Saint-Simon (1760–1825) zurückgehenden frühsozialistischen Bewegung. Die Formel lautet auf Französisch: *»A chacun selon sa capacité, à chaque capacité suivant ses oeuvres.«* Sie besagt: »Jeder einzelne erhält entsprechend seinen Fähigkeiten, die eine sorgfältige staatliche Erziehung zu erkennen und zu entwickeln hilft, seinen Platz in der Arbeitswelt angewiesen. Die Höhe seines Einkommens wird dann durch seine Leistung bestimmt« (Thilo Ramm, »Der Frühsozialismus«, 1956, S. 66). – Solov'ev will damit nicht das soziale Grundprinzip des Saint-Simonismus verdammen und als antichristlich denunzieren, sondern er will zeigen, dass der Antichrist auch dieses von Solov'ev selbst offenbar sehr positiv beurteilte Prinzip für sich zu nutzen weiß. Solov'ev dürfte in seiner Jugend, als er »mit Begeisterung Lassalle las« (DG 8, S. 381), sich auch für Saint-Simon begeistert haben, und vielleicht ist diese Begeisterung sogar dauerhafter gewesen als die für Lassalle. Vgl. Anm. 33 und 60 und die Erwähnungen Saint-Simons in anderen Werken Solov'evs (s. im Register zu DG, Bd. 1, 4, 5, 6).

104 Philozoe = Tierfreund, russ.: *»filozoj«*, ein auch im Russischen ganz ungewöhnliches Fremdwort. Schopenhauer zitiert in »Grundlage der Moral« (Reclam, S. 626) ein Buch von T. Forster „Philozoia, moral reflections on the actual condition of animals and the means of improving the same«. Solov'ev hat das Buch von Schopenhauer sicher gelesen; für das von Forster dürfte er als Tierfreund sich interessiert haben. Übrigens war Solov'ev selbst »Philozoe« (besonders Hundefreund) und Vegetarier.

105 *»post panem circenses«*, lat.: »nach dem Brot Spiele«, nach Juvenal, »Satiren«, 10,81 (Büchmann, S. 581). – Mit dem folgenden Satz geht die Erzählung aus der Form der Vergangenheit wieder in die der Zukunft

über. Dieses Stück im Futur geht bis S. 27; vielleicht ist es geschlossen in eine frühere Fassung eingefügt. Vgl. die Anmerkungen zu 52 und 89.

106 Nach Offb 13,1 und 13,11 treten in der Endzeit zwei Tiere auf; das eine »aus dem Meer«, das heißt in der Sprache der Apokalyptik: aus dem Westen; das andere »aus der Erde«, das heißt: aus dem Osten. Solov'ev versteht das erste dieser Tiere als den Antichrist, der aus dem Westen (aus Westeuropa), das zweite als den Wundertäter, der aus dem Osten kommt. Von dem zweiten Tier heißt es in Offb 13,12 ff.: »Es übt alle Macht des ersten Tiers vor ihm; und es macht, dass die Erde und die darauf wohnen anbeten das erste Tier ... und tut große Zeichen, dass es auch macht Feuer vom Himmel fallen vor den Menschen; und verführt, die auf Erden wohnen, um der Zeichen willen, die ihm gegeben sind zu tun vor dem Tier.«

107 Dieser Satz lautet in der Erstausgabe: »Nach den einen Gerüchten wird er göttlicher Herkunft sein: Der Sonnengott Surya soll sein Vater und eine Flußnymphe seine Mutter sein. Nach anderen, wahrscheinlicheren Erzählungen wird er in der dritten oder vierten Generation von Elena Petrovna Blavackaja und einem indischen Yoga-Asketen abstammen.« Elena Blavackaja (Helene Blawatzky) (1831–1891) war die Mitbegründerin der neobuddhistischen Theosophischen Gesellschaft. Solov'ev lehnte ihre Lehre als »pseudotheosophisch« ab. Über Solov'evs Beziehungen zu ihr siehe DG 8, S. 127 und 457. Der Bruder Solov'evs, Vsevolod S. Solov'ev, war mit ihr persönlich bekannt gewesen und hat ein interessantes Buch über sie geschrieben: »Sovremennaja žrica Izidy« = »Eine zeitgenössische Priesterin der Isis«, St. Petersburg, 1893. – Vielleicht erschien es Solov'ev bei der Überarbeitung seiner Erzählung als anstößig oder auch komisch, dass er auf diese Weise Elena Blavackaja zur Urgroßmutter des Apollonius gemacht hatte, und er hat den Satz deswegen gestrichen, wie er auch auf S. 37, in der Buchausgabe eine komische Wendung des Erstdrucks gestrichen hat (siehe dort). Surya ist der alte Name des indischen Sonnengottes. Da Elena Blavackaja 1831 geboren ist, käme man, wenn man Apollonius in der vierten Generation von ihr abstammen lässt und eine Generation mit 30 Jahren ansetzt, für Apollonius auf ein Geburtsdatum um das Jahr 1950. Die Geschehnisse der Endzeit würde Vater Pansofij also in die Zeit um 2000 legen. Etwas anders auf S. 33, wo wir auf das Jahr 2077 gewiesen werden, s. die Anm. dort.

108 Durch diese Namengebung spielt Solov'ev an auf Apollonius von Tyana, den Weltweisen, Asketen und Wundermann aus dem ersten Jahrhundert nach Christi Geburt, der schon von der antichristlichen Polemik des Altertums wiederholt Christus gegenübergestellt wurde (W. Schmid und O. Stählin, »Geschichte der griechischen Literatur«, II, 2, 6. Aufl., München 1924, S. 776 f.). In Russland ist sein Name seit

alten Zeiten wohlbekannt. In der »Nestorchronik« aus dem frühen 12. Jahrhundert wird ausführlich über ihn berichtet (unter dem Jahr 912); seine Wunderzeichen werden betrachtet als verführerisch, lügenhaft, in der Kraft Satans gewirkt. – Auch in Apollonius vermischt sich in bezeichnender Weise Westliches mit Östlichem.

109 Bischof *»in partibus infidelium«* ist ein Bischof, der keine eigene Diözese zu verwalten hat, sondern als nomineller Inhaber eines »im Gebiet der Ungläubigen« liegenden und darum praktisch nicht zu besetzenden Bischofsstuhles die Weihe erhalten hat. – Zu der Tatsache, dass der Pseudoprophet kirchlicher Würdenträger ist, vgl. Offb 13,11, wo von dem zweiten Tier gesagt wird: »Es hatte zwei Hörner gleichwie ein Lamm und redete wie ein Drache.«

110 Im Original kursiv, dadurch als Zitat gekennzeichnet. Solov'ev zitiert Offb 13,13 (s. o., Anm. 106) und zeigt damit, dass er Apollonius mit dem »zweiten Tier« der Offenbarung identifiziert. – Lohmeyer sagt zu Offb 14,18, in der apokalyptischen Tradition sei für das Auftreten des Lügenmessias das Feuer charakteristisch, für das des wahren Messias das Wasser.

111 Vgl. die »Magier aus dem Osten«, die nach Mt 2,2 dem Christuskinde huldigten.

112 Zu der jetzt folgenden Schilderung der kirchlichen Lage in der Endzeit vergleiche, was Solov'ev im Vorwort zur Buchausgabe der »Drei Gespräche« hierzu gesagt hat (oben, S. 51 f.). Ein Neffe Solov'evs (Sergej Solov'ev) berichtet, dass Solov'ev, nachdem er im Mai 1900 im Hause seines Bruders Michail die »Erzählung vom Antichrist« vorgelesen hatte, gesagt habe: »Ich habe dies geschrieben, um meine Ansicht von der kirchlichen Frage endgültig auszusprechen« (S. Solov'ev, »Biografija«, 1914, S. 45).

113 Im Erstdruck stand »dreißig Millionen«. Später (S. 45) wird die Zahl der Juden auch mit dreißig Millionen angegeben. Siehe Anm. 204.

114 1848 hatte Papst Pius IX. aus Rom fliehen müssen. Seit 1870 stand das Papsttum in heftigem Konflikt mit dem italienischen Staat, der den Kirchenstaat annektiert hatte. Die Päpste fühlten sich als Gefangene, und Leo XIII. dachte 1881 im Ernst daran, Rom zu verlassen. 1884 gab Solov'ev in seiner Schrift »Das Judentum und die christliche Frage« der Hoffnung Ausdruck, »der mächtige Zar« werde »dem verfolgten Erzpriester die helfende Hand entgegenstrecken« (DG 4, S. 615). – Auch Dostoevskij gibt, im »Großinquisitor«, der Erwartung Ausdruck, dass das Papsttum von dem westlichen Atheismus und Sozialismus verfolgt und vertrieben werde: Der Großinquisitor weiß, dass er oder seine Nachfolger eine Zeitlang in die Katakomben gehen müssen (Dostoevskij, »Großinquisitor«, S. 18). Außerdem will Solov'ev, wenn er den Papst nicht mehr in Rom residieren lässt, damit vielleicht

sagen, dass die Nachfolger Petri nicht unbedingt an Rom gebunden sind. Es hatte seinen guten Sinn, dass Rom die Hauptstadt zuerst des Römischen Reiches, dann der christlichen Welt war. Aber notwendig, heilsnotwendig ist das nicht. Wie alle menschlichen Institutionen ihren guten Sinn haben, aber doch auch missbraucht, vergötzt, pervertiert werden können, so auch die Romidee: Der Papst muss aus Rom fliehen, der Antichrist wird Römischer Kaiser, er setzt das Papsttum wieder in Rom ein und gewinnt eben mit der Romidee die große Menge der katholischen Konzilsteilnehmer für sich (S. 35). – Nicht ganz zutreffend spricht Maceina, S. 105, über die Vertreibung des Papsttums aus Rom. Mit dem Hinweis, dass das Papsttum sich in Russland der Propaganda zu enthalten habe, will Solov'ev wohl sagen, dass die Einheit der Kirche nicht durch den Übertritt aller Nichtkatholiken zur Römischen Kirche hergestellt werden kann und soll, sondern durch die freie Vereinigung der Orthodoxen, die orthodox, und der Evangelischen, die evangelisch bleiben, mit dem »Felsen Petrus«, »dem legitimen und traditionellen Mittelpunkt der Einheit der christlichen Welt« (DG, Erg.-Bd., S. 182). Dass das Papsttum gerade in Petersburg Zuflucht findet, das zu dieser Zeit offenbar nicht mehr von einem »Selbstherrscher«, sondern »mehr oder weniger demokratisch« regiert wird (s. S. 18), ist wohl der Rest der theokratischen Konzeption der Kirchenvereinigung, wie Solov'ev sie in den 80er Jahren entwickelt hatte, nach welcher es »die historische Bestimmung Russlands« war, »der Universalen Kirche die politische Macht darzubieten, deren sie bedarf, um Europa und der Welt Rettung und Wiedergeburt zu schenken« (DG 3, S. 182). Jetzt geht es aber nicht mehr darum, »politische Macht darzubieten«, sondern darum, ein bescheidenes Asyl zu gewähren, nicht mehr um die Umgestaltung »Europas und der Welt« nach einem kirchlich-politischen theokratischen Programm, sondern um die Rettung eines kleinen Haufens von treu gebliebenen Christen.

115 Die Vereinfachung und Vergeistigung der Verwaltung der Kurie und die Einschränkung des Rituals liegen auf der gleichen Linie wie der Verzicht auf die Residenz in Rom (s. S. 29). Überhaupt war Solovev der rituellen Seite des kirchlichen Kultus gegenüber ziemlich zurückhaltend. Er konnte über die kirchlichen Fastenregeln und das Gebot der Teilnahme am Gottesdienst sagen: »All das ist nicht für uns geschrieben« (DG, Erg.-Bd., S. 172; vgl. auch »Übermensch«, S. 144). Zwar bekämpfte er das kirchliche Ritual nicht, wie Tolstoj es etwa in »Auferstehung« tat, aber vieles daran war eben auch für ihn nicht mehr als »seltsame Gebräuche voll verführerischen Reizes«, wie es in Z. 36 heißt. Vgl. auch die Schilderung der Situation der katholischen Kirche in »Rechtfertigung des Guten«, DG 5, S. 563, und die Anm. zu 563, Z. 16 v. u. – Zu vergleichen ist ferner, was Dostoevskij in der »Legende

vom Großinquisitor« über »Wunder, Geheimnis und Autorität« sagt, die gegen den Willen Christi von der Kirche gebraucht werden als Mittel zur Beherrschung der Gewissen (Dostoevskij, »Großinquisitor«, S. 22).

116 Die Worte »besonders in Nordamerika« sind Zusatz der Buchausgabe. Der nordamerikanische Katholizismus betont jetzt also die eigentlich »römische Idee« innerhalb der katholischen Weltanschauung – die Idee der weltumspannenden Einheit, die Dostoevskij so leidenschaftlich abgelehnt hatte (»Großinquisitor«, S. 25 f.) – viel stärker als das aus Rom vertriebene Papsttum selbst. Alle diese Hierarchen gehen dann wohl auch freudig zum Antichrist über, als dieser dem Papsttum seine alte Rechtsstellung zurückgibt.

117 Statt »eines beträchtlichen Teiles der Anglikanischen Kirche« stand im Erstdruck: »der Mehrheit der Anglikanischen Kirche«. Solov'ev interessierte sich sehr für die katholische Bewegung innerhalb der Anglikanischen Kirche. Vgl. dazu DG, Erg.-Bd., S. 179 f. – Die Kirche von England hatte sich im 16. Jahrhundert zwar von Rom gelöst; doch hatte es hier immer eine mehr oder weniger starke katholische Strömung gegeben, die in wesentlichen Punkten dem römischen Katholizismus näher stand als dem kontinentalen Protestantismus. Im 19. Jahrhundert verstärkte sich dieser »Anglokatholizismus« durch die hochkirchliche Bewegung; zwei seiner Führer: John Henry Newman und Henry Edward Mannings, traten (1845 und 1851) zum römischen Katholizismus über. Gegen Ende des Jahrhunderts gewann die hochkirchliche oder anglo-romanische Bewegung starken Einfluss in der Anglikanischen Kirche. Im Mai 1896 schrieb Solov'ev an seinen französischen Freund Tavernier, er betrachte die anglo-romanische Bewegung, die sich um die Vereinigung der Anglikanischen mit der Römisch-katholischen Kirche bemühte und die in jener Zeit durch Lord C. L. W. Halifax repräsentiert wurde, als eine sehr wünschenswerte Erscheinung (DG, Erg.-Bd., S. 179 f.). Offenbar war er der Überzeugung, dass nicht die Anglikanische Kirche als Institution, aber dass sich im Gefolge Newmans und Mannings sehr viele ihrer Glieder mit Rom vereinigen würden. Dabei war er in der Buchausgabe schon wieder etwas zurückhaltender geworden als in der Erstausgabe der »Kurzen Erzählung«.

118 Bei den »Anhängern der extremen, negativen Tendenzen des Protestantismus« denkt Solov'ev wahrscheinlich vor allem an David Friedrich Strauß (1808–1874), der mit seinem berühmten »Leben Jesu« 1835 als kritischer Theologe begonnen und mit völliger Absage an das Christentum (in »Der alte und der neue Glaube«, 1872) geendet hatte. Vgl. dazu Müller, »Solov'ev und der Protestantismus«, S. 55. Über die Darstellung des Protestantismus in der »Erzählung vom Antichrist« siehe ebd., S. 87 ff. Vgl. unten, Anm. 153. – Die Worte, mit denen Solov'ev im

folgenden Satz die Evangelische Kirche bezeichnet *(»evangeličeskaja cerkov'«)* sind sehr auffallend. Sie weichen von dem in Russland und auch bei Solov'ev sonst üblichen Sprachgebrauch ab. Solov'ev hat in früheren Schriften trotz einer gewissen positiven Würdigung des Protestantismus ausdrücklich abgelehnt, ihn als Kirche zu betrachten. Offenbar will er sagen, dass der »Protestantismus« in der hier dargestellten Endzeit nach Überwindung seiner »negativen Tendenzen« wieder zur »Kirche« und nun wirklich zur »Evangelischen« (und nicht etwa zur »Lutherischen« oder »Protestantischen«) Kirche *wird.* In der großen Entscheidung der Endzeit verläuft die Grenze zwischen dem wahren und dem falschen Christentum nicht entlang den Konfessionsgrenzen, sondern sie geht quer durch die historischen Konfessionen hindurch.

119 Solov'ev meint hier ohne Zweifel den Sturz des zaristischen Staatskirchentums oder des Zarismus überhaupt; das wird besonders deutlich, wenn man zu dieser Stelle hinzunimmt, was vorher (S. 17) über das »Verschwinden der letzten Reste der alten, monarchischen Regierungsformen« gesagt ist: Deutlicher konnte und brauchte man im damaligen Russland nicht zu werden. Solov'ev hat von seinem ersten Zusammenstoß mit dem Zarentum im Jahre 1881 an fast ununterbrochen in mehr oder weniger offenem Konflikt mit ihm gelebt. 1891 spielte er mit dem Gedanken einer revolutionären Betätigung. Offenbar erwartete er aber nicht eine atheistisch-sozialistische, sondern eine liberale Regierungsform. Sonst hätte er kaum annehmen können, dass dem Papsttum in Russland ein Asyl geboten werde. Es war vorauszusehen, dass mit dem Sturz der Zarenherrschaft die »offizielle Stellung« der Orthodoxen Kirche in Russland sich entscheidend verändern, dass sie einerseits viele Privilegien verlieren, sich andererseits aber von der Bevormundung durch den bürokratischen Staat lösen würde. Eines der »Privilegien« dieser Kirche, das deren beste Vertreter selbst nicht zu haben wünschten und gegen das Solov'ev heftig gekämpft hat, bestand darin, dass es den Gliedern dieser Kirche gesetzlich verboten war, aus ihr auszutreten. Dadurch hatte die Kirche natürlich »Millionen von scheinbaren, nur nominellen Gliedern«, die sie sofort verließen, als sie die Möglichkeit dazu bekamen. – Zu Solov'evs Stellung zu dieser Frage vergleiche vor allem den Brief, den er 1896 oder 1897 über das Problem der Religionsfreiheit in Russland an den Zaren Nikolaus II. geschrieben hat (DG, Erg.-Bd., S. 173–178).

120 »Altgläubige« heißen die in der zweiten Hälfte des 17. Jahrhunderts aus der Russischen Orthodoxen Kirche abgedrängten Anhänger der überkommenen liturgischen Texte und Riten, die die liturgischen Reformen des Moskauer Patriarchen Nikon ablehnten. Solov'ev hat sich wiederholt zu dem Problem des Altgläubigentums geäußert, das eine schwere Belastung des kirchlichen Lebens in Russland gewesen ist;

vergleiche besonders den vierten der »Sonntagsbriefe« (DG 8, S. 22 ff.). – Außer den Altgläubigen gab es in Russland zahlreiche Sekten. Die einen standen der russischen Staatskirche in ihrem Dogma und Kultus verhältnismäßig nahe; andere hatten eine phantastische Mythologie und einen halb heidnischen Kultus mit sexuellen Ausschweifungen oder Selbstverstümmelungen. Aus dieser Richtung entwickelten sich dann die im folgenden Satz genannten extremen Sekten mit Dämonen- und Teufelsdienst. Maksim Gor'kij beschreibt den schauderhaften »Kultus« einer solchen Sekte im Schlusskapitel von »Meine Universitäten«. Eine dritte Gruppe, die stark vom westeuropäischen Protestantismus beeinflusst war, war pietistisch-evangelikal, eine vierte Gruppe rationalistisch und sozialreformerisch; dieser letzteren Gruppe stand Tolstoj nahe. Mit den »Sektierern der positiv-religiösen Richtung« meint Solov'ev die erste und die dritte der hier genannten Gruppen. – »Im Volk und in der Gesellschaft:« heißt nach dem Sprachgebrauch jener Zeit: »im einfachen Volk und in der höheren, gebildeten Gesellschaft«. Beide sozialen Schichten waren für den Einfluss der verschiedenartigen Sekten offen; in beiden waren die Grundtendenzen der einzelnen Richtungen ähnlich, die Erscheinungsformen verschieden. – Wenn hier vom »inneren« Kampf der Orthodoxen Kirche gegen »extreme Sekten« die Rede ist, so betont Solov'ev damit den Unterschied zu den Verhältnissen seiner Zeit, wo der Kampf gegen die Sekten nicht ein innerer, geistiger Kampf war, sondern wo er vor allem durch administrative Maßnahmen des Staates geführt wurde. Solov'ev hat immer wieder seine Stimme gegen diese Art religiöser Auseinandersetzung erhoben. Vgl. dazu den letzten der »Sonntagsbriefe«, DG 8, S. 107 ff.

121 Während vorher die Konfessionen in der Reihenfolge Katholizismus, Protestantismus, Orthodoxie beschrieben waren, wird in diesem Satz die Orthodoxie an erster Stelle genannt. Offenbar will Solov'ev damit sagen, dass die Ostkirche ein stärkeres Gespür für die »letzten Dinge«, für das Kommen des Antichrist habe; er mag dabei auch an sich selbst gedacht haben. Vgl. Anm. 164.

122 Vom »Fürsten dieser Welt« ist im Neuen Testament Joh 12,31; 14,30; 16,11 die Rede (vgl. auch Eph 2, ; 6,12; 2 Kor 4,4; Mt 4,8.9); vom Antichrist 1 Joh 2,18; 4,3; 2 Joh 7; ferner (ohne den Namen) 2 Thess 2; Offb 13.

123 Nach Offb 13,5 wird es mit dem Tier aus dem Abgrund »42 Monde lang währen«, also dreieinhalb Jahre. Wenn der Antichrist am Anfang des vierten Jahres seiner Herrschaft die Kirchenversammlung einberuft, wird sie einige Monate später stattfinden. Die Herrschaft des Antichrist kommt dann genau auf die »42 Monde« der Offenbarung. – In der folgenden Zeile sind die Worte »an alle seine treuen Christen ohne Unterschied der Konfession« gleichsam in Anführungsstriche zu setzen:

Sie ahmen den Stil der Manifeste der Zaren (»An alle unsere treuen Untertanen ohne Unterschied«) nach.

124 Nach 2 Thess 2,4 und Offb 11,8 hat der Antichrist seinen Sitz in Jerusalem. Auch Irenäus betont, dass der Antichrist in Jerusalem residieren wird; er beruft sich dabei auch auf Mt 24,15 ff. (Irenäus, S. 784; vgl. o., Anm. 48).

125 Als Solov'ev diese Erzählung schrieb, hatte die zionistische Bewegung schon begonnen. Theodor Herzls »Judenstaat« war 1896 erschienen, der erste Zionistenkongress hatte 1897 in Basel stattgefunden. Solov'ev hatte lebhaftes Interesse und große Sympathien für das Judentum; das geht auch aus dem weiteren Verlauf dieser Erzählung deutlich hervor. Vgl. dazu Faiwel Götz, »Über das Verhältnis Solov'evs zur jüdischen Frage«, Riga 1927, und meinen Aufsatz »Solov'ev und das Judentum«, in Müller, »Solov'ev und der Protestantismus«, S. 125–131. – Zu der jetzt folgenden Beschreibung Jerusalems s. die Karte bei Baedeker, S. 48, und Kroll, S. 362 f.; Abbildungen der genannten Gebäude bei Duncan. Der Haram esch-Scherif (arab. = »das erhabene Heiligtum «) ist die Gesamtheit der heiligen Stätten der Muslime auf dem ehemaligen Tempelplatz. Der Birket Israin (oder: Israil) (= »Teich Israels«) liegt zwischen dem östlichen Teil der Nordmauer des Haram esch-Scherif und der Via dolorosa; mit der »jetzigen Kaserne« ist die ehemalige türkische Kaserne gemeint (heute eine Schule), die zwischen dem westlichen Teil der Nordmauer und der Via dolorosa, an der Stelle der ehemaligen Burg Antonia, liegt (Abbildung bei Kroll, S. 436 f.). Die Moschee el-Aksa (arab.: »die [von Mekka] am weitesten entfernte«) liegt am Südende des Tempelplatzes; die »Ställe Salomos« sind Substruktionen unter der Herodianischen Plattform des Tempelplatzes, an dessen Südostseite (Kroll, S. 180 f.; Abbildung bei Duncan, S. 61); die »zwei alten kleinen Moscheen« sind die el-Aksa-Moschee und der Felsendom in der Mitte des Haram esch-Scherif – »klein« sind sie im Verhältnis zu dem »weiträumigen« kaiserlichen Tempel des Antichrist. – »Die christlichen Heiligtümer« (also vor allem die Grabeskirche, die Heiligtümer an der Via dolorosa und auf dem Ölberg) »blieben« von dieser Bautätigkeit des Antichrist »unberührt«, weil sie sich alle außerhalb des Tempelberges befinden und weil der Antichrist nach 2 Thess 2,4 sich eben »in den Tempel Gottes [also auf den Tempelberg] setzen wird als ein Gott und sich ausgeben, er sei Gott«. – Für freundliche Hilfe bei den Anmerkungen zur Topographie Jerusalems danke ich Dr. Andreas Reichert, Tübingen.

126 Das Datum der Konzilseröffnung erklärt sich von der drei Tage später, also am 17. September, erfolgenden Erscheinung der himmlischen Sophia her. Der 17. September ist das Fest der Sophia. S. u., Anm. 191.

127 Im Erstdruck stand statt »Priestertum« (russ.: »*svjaščenstvo*«): »Geistlichkeit oder lehrende Kirche« (russ.: »*duchovenstvo ili učaščaja cerkov'*«). – Die Textänderung war hier wirklich nötig: Eine »Geistlichkeit«, die »belehrt«, gibt es im Protestantismus ja auch, dagegen wird jeder Gedanke an ein Priestertum als besonderen Stand im Allgemeinen leidenschaftlich abgelehnt. Vgl. etwa den Artikel »Priestertum« in RGG. – Für »evangelisch« gebraucht Solov'ev hier wieder das Wort »*evangeličeskij*«, s. Anm. 118.

128 Nach katholischem und orthodoxem Kirchenrecht sind nur die Bischöfe vollberechtigte Mitglieder eines Konzils. In der russischen Kirche wurde im 19. und 20. Jahrhundert viel darüber diskutiert, ob und wie Laien und niederer Klerus am Konzil beteiligt werden können. Vgl. etwa N. Barsov, »Istoričeskie, kritičeskie i polemičeskie opyty«, St. Petersburg, 1879. An dem Konzil der Russischen Orthodoxen Kirche nach dem Sturz der Zaren im Jahre 1917 nahmen dann auch 250 Bischöfe und Geistliche und 314 Laien teil. – Solov'ev legt wohl vor allem deswegen Wert auf die Beteiligung von Vertretern aller Schichten der christlichen Welt am Konzil, damit sie alle sich für oder gegen den Antichrist entscheiden können und damit er zeigen kann, in wie verschiedener Weise die verschiedenen Schichten es tun (S. 34; 35). – Vielleicht ist aber auch dies wieder einer der zahlreichen Verstöße des Antichrist gegen die festgesetzten Rechtsnormen; durch diese scheinbar unwichtigen kleinen Rechtsbrüche gelingt es ihm, die staatlichen und kirchlichen Institutionen unter dem Schein der Wahrung der Legalität in seine Gewalt zu bekommen (vgl. Anm. 91; 132; 181. – Mit der »niederen Welt- und Klostergeistlichkeit« sind alle Priester gemeint, sofern sie nicht Bischöfe sind.

129 Der bürgerliche Name des letzten Papstes ist abgeleitet von dem des ersten: Der Apostel Petrus wird Mt 16,17 in feierlicher Anrede von Jesus »Simon Bariona«, d.h. »Simon, Sohn des Jona«, genannt. – So ist Simone Barionini schon durch seinen bürgerlichen Namen dazu veranlasst, als Papst den Namen »Petrus« zu wählen. Da aber nach der sogenannten Weissagung des Malachias, die Solov'ev gekannt und geschätzt hat (Strémooukoff, S. 284), nur der letzte aller Päpste diesen Namen des ersten Papstes tragen wird, ist es nur natürlich, dass Solov'ev ihn diesen Namen annehmen lässt; andererseits scheint Petrus II. selbst zu ahnen, dass er der letzte Papst sein wird. – Schließlich gibt Solov'ev diesen Namen auch deswegen, weil er jede der drei großen Konfessionen mit einem der großen Apostel verbinden will. Schon häufig ist der Katholizismus in besonderer Weise dem Apostel Petrus zugeordnet und als »petrinisches Christentum«, der Protestantismus als »paulinisches Christentum« bezeichnet worden, sogar von Wilhelm Busch in seiner hässlichen Allegorie »Pater Filucius«, die er in einem Nachwort

selbst deutet: »Man versteht diese allegorische Darstellung der kirchlichen Bewegung, welche sich im Anfang der 70er Jahre abspielte, wenn man für Gottlieb Michael den deutschen Michel, für Tante Petrine die römische, für Pauline die evangelische Kirche setzt; die Base Angelika ist dann die freie Staatskirche der Zukunft ...« Gewiss hat Solov'ev nicht den »Pater Filucius« gekannt; die Parallelität zeigt nur, wie naheliegend es war, die beiden Kirchen so zu Petrus und Paulus in Beziehung zu setzen. Einen wirklichen Einfluss hat in dieser Hinsicht aber der Philosoph F. W. J. Schelling, dem Solov'ev sehr nahestand, auf ihn ausgeübt. Schelling hat in seinen letzten Vorlesungen über die »Philosophie der Offenbarung« (Bd. 2, 1858, S. 298 ff.) die drei Entwicklungsstufen der christlichen Kirche durch die Gestalten des Petrus, Paulus und Johannes charakterisiert, wobei Petrus das mittelalterlich-katholische, Paulus das protestantische und Johannes das Christentum der Zukunft repräsentiert. Ohne Zweifel hat Solov'ev diese Ausführungen Schellings gekannt, er hat sie teilweise übernommen, hat sie aber auch charakteristisch abgewandelt: Johannes, bei Schelling der Vertreter der überkonfessionellen Religion der Zukunft, wird von Solov'ev ebenso wie die beiden anderen einer konkreten Konfession (nämlich der östlich-orthodoxen) zugeordnet; der Katholizismus und der Protestantismus sind bei Schelling nur vorbereitende Stufen, die in der Zeit des johanneischen Christentums ihre Daseinsberechtigung verloren haben, bei Solov'ev sind alle drei Konfessionen Vertreter von unaufgebbaren Prinzipien, die nach einer Epoche der Absonderung in der Endzeit wieder zusammenfinden zu gemeinsamem Wirken. – Leo Zander zitiert einen Brief des Papstes Innozenz III. (1198–1216), in dem dieser den Apostel Petrus zur lateinischen Kirche in Beziehung setzt und Johannes zur griechischen: »*Sicut per Mariam Magdalenam Judaeorum intelligitur Synagoga, ita per Petrum, qui ad latinos est specialiter destinatus, et apud nos Romae sepulturam accepit, populus intelligitur latinorum; Graecorum vero populi per Joannem, qui missus est ad Graecos, Epheso tandem in Domino requievit*« (Zander, S. 173). (»Wie unter Maria Magdalena die Synagoge der Juden zu verstehen ist, so ist unter Petrus, der in besonderer Weise zu den Lateinern abgeordnet worden ist und der bei uns in Rom sein Begräbnis erhalten hat, das Volk der Lateiner zu verstehen; die Völker der Griechen aber unter Johannes, der zu den Griechen gesandt worden ist und der endlich in Ephesus im Herrn entschlief.«)

130 Der katholische Erzbischof von Mogilev in der Ukraine war der ranghöchste und leitende Bischof der Katholischen Kirche im Russischen Reich. Er residierte in der Hauptstadt Petersburg. Dass die Sekte, gegen die Barionini in Russland kämpfte, auch Katholiken zum Abfall verführt hatte, wird deswegen gesagt, weil Barionini sonst nicht gegen

sie hätte predigen dürfen (vgl. S. 28). – S. Solov'ev (»Biografija«, 1914, S. 45) behauptet, der kroatische Bischof Strossmayer sei das Urbild Barioninis, kann aber keine Charakterzüge nennen, die ihnen beiden gemeinsam wären. Dagegen verweist Strémooukhoff, S. 292, auf den kroatischen Kanonikus Franc Račkí (1828–1894), mit dem Solov'ev befreundet war und dem er einen warmherzigen Nachruf gewidmet hat (RG2, Bd. 9, S. 409–411). Er hat 1881 von der russischen Regierung einen Ruf auf den Stuhl des Erzbischofs von Mogilev erhalten, den er allerdings abgelehnt hat. In seinem Nachruf sagt Solov'ev über die körperliche Statur Račkis fast dasselbe wie hier über Barionini: »Überall war er gegenwärtig, überall tauchte die Figur dieses klein gewachsenen, aber kräftigen Menschen auf« (S. 410). Er endet seinen Nachruf mit dem Bericht über folgende Episode aus dem Leben Račkis: Ein Erdbeben zerstörte in Zagreb den gotischen Dom, als Račkí darin die Messe las. Alle flohen voller Schrecken, er aber las die Messe zu Ende, obwohl er vor Staub nichts mehr sehen konnte. Danach erst ging er, von Staub bedeckt, aber heil und unbeschädigt aus der Kirche hinaus. »Wie in diesem tragischen Augenblick, so war er sein ganzes Leben lang vor allem ein Mensch der Pflicht und der unerschütterlichen Treue. Ewiges Gedenken!« (S. 411). Man muss Strémooukhoff recht geben: Vieles spricht dafür, dass die Gestalt Račkis Solov'ev vor Augen stand, als er das Bild des Papstes Petrus II. zeichnete.

131 Wieder führt eine »etwas außerhalb der Legalität« stehende Einmischung des Kaisers und Antichrist in Angelegenheiten der Kirche dazu, dass es diesem gelingt, in der Institution Kirche Fuß zu fassen, um sie dann völlig »gleichzuschalten«. Durch die Ernennung des Apollonius zum Kardinal hat der Papst selbst den Pseudopropheten in den Rang eines Kandidaten für die Erwählung zum Papst erhoben. – Gleichzeitig zeigt Solov'ev, dass auch die Römisch-katholische Kirche nicht davor sicher ist, der weltlichen Macht und sogar der Macht des Antichrist nachzugeben und sich damit ihr auszuliefern.

132 Staretz, eigentlich »Greis«, »Alter«; das Wort bezeichnet erfahrene Seelsorger, meist mönchischen, aber auch nichtmönchischen Standes, die in Russland, besonders im 19. Jahrhundert, großen Einfluss hatten. Solov'ev hat im zweiten der »Drei Gespräche« in der Gestalt des Varsonofij einen solchen Staretz geschildert (DG 8, s. dort im Register [S. 654] unter »Varsonofij«); siehe auch Dostoevskij, »Die Brüder Karamazov«, I, 5, und lgor Smolitsch: »Leben und Lehre der Startzen«, Wien, 1936. – Von den Startzen sieht Solov'ev die positiven Seiten der Orthodoxie besser repräsentiert als von den Bischöfen der russischen Staatskirche und selbst von dem Patriarchen in Konstantinopel. Die orthodoxe Hierarchie hielt Solov'ev für halb schismatisch, aber das geistliche Leben der Ostkirche, das sich besonders eindring-

lich im Startzentum äußerte, hielt er für gesund (vgl. DG 3, S. 141 und 187). Aber da nach orthodoxem Kirchenrecht eben doch die Bischöfe die rechtmäßigen Vertreter der Kirche sind, wählt er als »inoffiziellen« Führer der Orthodoxie einen Startzen, der »Bischof im Ruhestand« ist. So etwas gab es. Tichon Zadonskij (1724–83), einer der bekanntesten Startzen des 18. Jahrhunderts, dem Dostoevskij in den »Dämonen« ein Denkmal gesetzt hat, war zunächst Bischof, lebte aber von 1767 bis zu seinem Tode im Jahre 1783 als Staretz in einem Kloster (über ihn: RGG, 6, 1091 f.). Der Staretz Johannes wählt für seinen »Ruhestand« eine andere, im alten Russland gleichfalls sehr beliebte Form asketischer Weltflucht – das Pilgertum. Vgl. hierzu Pierre Pascal, »Die russische Volksfrömmigkeit«, in »Kyrios«, Neue Folge, Bd. 2, 1962, S. 93 ff. Zu dem Namen Johannes vgl. Anm. 125.

133 Nach dieser Angabe befinden wir uns etwa im Jahre 2077. Der Zar Alexander I. wurde 1777 geboren; er starb 1825 auf einer Reise in Taganrog in Südrussland. Darauf verbreitete sich die Legende, er sei nicht gestorben, sondern habe sich von der Welt zurückgezogen. Später tauchte dann ein Einsiedler namens Fedor Kuz'mič (gestorben 1846) auf, der seinen Familiennamen nicht offenbaren wollte und in dessen Zügen man Ähnlichkeit mit denen des verstorbenen Zaren fand. Manche glaubten (und manche glauben bis heute), Fedor Kuz'mič sei identisch mit dem totgesagten Zaren. – Vgl. dazu Martin Winkler, »Zarenlegende«, 1947. Tolstoj hat im Jahre 1905 eine Erzählung über Fedor Kuz'mič begonnen, sie aber nicht mehr vollenden können, in der er auch von der Identität des Fedor Kuz'mič mit dem Zaren Alexander ausgeht (»Die postumen Aufzeichnungen des Staretz Fedor Kuz'mič«, PSS, Bd. 36).

134 »Johannes der Theologe« ist in der Ostkirche die Bezeichnung für den Apostel und Evangelisten Johannes. Zu der Legende, dass dieser Johannes nicht sterben werde, vgl. Joh 21,22 f. Eine ausführliche Interpretation dieser Legende und dieser Stelle des Johannesevangeliums bietet Schelling in der »Philosophie der Offenbarung« (Bd. 2, 1858, S. 328 ff.). Vgl. dazu Anm. 126. – Sergej Bulgakov schreibt in seinem Buch »Svv. Petr i Joann. Dva pervoapostola«, Paris 1926, S. 86, Solov'ev selbst sehe in diesem Staretz Johannes den Apostel Johannes, und wenn er diesen neben Petrus stelle, so bekenne er sich damit zu der »Lehre von den zwei Uraposteln, von dem doppelten Primat des universalen Christentums«. Von diesem seinem letzten Standpunkt aus habe Solov'ev seine Auffassung vom Primat des Petrus, wie er sie in »Russland und die Universale Kirche« dargelegt hatte, selbst modifiziert. Ich glaube, Bulgakov hat damit nicht recht. Allzu deutlich räumt Johannes selbst (auf S. 43) dem Petrus den Vorrang der Ehre und die Aufgabe, »die Schafe Christi zu weiden«, ein.

135 In »Russland und die Universale Kirche« (DG 3, S. 189 f.) erzählt Solov'ev eine Legende von dem heiligen Nikolaus und dem heiligen Kassian. Nikolaus hilft einem Bauern, dessen Karren im Schmutz steckengeblieben ist, und beschmutzt dabei sein Gewand; Kassian dagegen weigert sich zu helfen, weil er befürchtet, sein weißes Gewand zu beschmutzen. Solov'ev vergleicht dabei die Westkirche, die sich, ihrer apostolischen Mission getreu, nicht gefürchtet habe, im Schlamm des historischen Lebens zu versinken, mit dem heiligen Nikolaus; die Ostkirche dagegen, »mit ihrem einsiedlerischen Asketismus und ihrem kontemplativen Mystizismus«, mit dem heiligen Kassian dieser Erzählung. Sowohl die Gestalt wie das Gewand des Staretz Johannes sind an diesen Vorstellungen Solov'evs über das Wesen der Ostkirche orientiert. – Nach S. Solov'ev, »Biografija«, 1915, S. 1 u. S. 45, schwebte Solov'ev bei der Schilderung des Staretz Johannes die Gestalt seines Großvaters, des Priesters Michail Vasil'evic Solov'ev, vor.

136 Zum Namen Pauli vgl. Anm. 129. Zu seinem Vornamen »Ernst« kann man vielleicht heranziehen, dass J. H. Jung-Stilling (1740–1817), der auch in Russland seinerzeit viel gelesene deutsche pietistische Schriftsteller, seinen »grauen Mann«, den ernsten Mahner einer leichtsinnigen Zeit, »*Ernst* Uriel von Ostenheim« nennt und diese Namengebung ausführlich begründet (»Sämtliche Schriften«, Stuttgart 1835 ff., Bd. 7, S. 6). Den »sittlichen Ernst« hielt Solov'ev für einen typisch deutschen Charakterzug. In einer Schilderung der Persönlichkeit der Anna Fëdorovna Aksakova, der Frau des bekannten Slawophilen Ivan Aksakov und Tochter des Dichters Fëdor Tjutčev, schreibt er über sie, die eine Deutsche zur Mutter hatte, sie habe von dieser geerbt: »die deutsche Redlichkeit *(prjamodušie)* und ernste Gewissenhaftigkeit *(ser'ëznuju dobrosovestnost')* in allen sittlichen Fragen«, und er fügt in Klammern in deutscher Sprache hinzu: »den sittlichen Ernst« (RG3, Bd. 12, S. 484). – So bot sich der Vorname »Ernst« für Solov'ev wohl spontan an zur Charakterisierung des Mannes, für den alles erst »gründlich erwiesen und außer Zweifel gesetzt« sein muss (siehe S. 45), ehe er etwas anerkennt, der dann aber auch mit ganzem »sittlichen Ernst« die Konsequenzen aus seinen Erkenntnissen und Überzeugungen zieht. – Schön spricht Zander, S. 176, über den deutschen »Ernst«. – Auch der Beruf von Ernst Pauli ist bezeichnend: Der Vertreter des Katholizismus ist dessen oberster Bischof, der Inhaber des Stuhles, der »das legitime und traditionelle Zentrum der Einheit« der christlichen Welt ist (s. u., Anm. 147); der Katholizismus vertritt das Prinzip der göttlichen Ordnung; Vertreter der Orthodoxie ist ein Staretz, der begnadete Träger und Mittler geistlichen Lebens; der Vertreter des Protestantismus aber ist der gelehrte Professor, der mit Ernst und mit unbedingter Wahrheitsliebe forscht. Der Protestantismus ist in Russ-

land oft als Professorenreligion bezeichnet worden (vgl. dazu Ludolf Müller, »Russischer Geist und Evangelisches Christentum. Die Kritik des Protestantismus in der russischen religiösen Philosophie und Dichtung im 19. und 20. Jahrhundert«, Witten 1951, S. 124). – Als typischen Vertreter der positiven Seiten des Protestantismus betrachten den Prof. Pauli Sergej Bulgakov in »Tichie dumy«, 1910, S. 146, und Leo Zander (s. Literaturverzeichnis).

137 Im Original deutsch. – Der »Pastorenrock« (russ.: *»pastorskij sjurtuk«*), den Professor Pauli trägt, ist offenbar ein Gehrock oder ein »Lutherrock«, den evangelische Pastoren bis ins 20. Jahrhundert gern trugen. Dass er mit Orden geschmückt ist, weist auf die staatskirchliche Tradition des deutschen Protestantismus. Professor Pauli kommt aus dieser Tradition, aber er wächst im Verlauf der folgenden Ereignisse über sie hinaus.

138 Zur Schilderung des Konzils vgl. die Schilderung, die Eusebius von Cäsarea von dem ersten Ökumenischen Konzil gegeben hat, das unter dem Vorsitz des damals noch nicht getauften Kaisers Konstantin im Jahre 325 in Nizäa stattgefunden hat (»Das Leben Konstantins«, Buch 3, Kap. 10). – Die Bemerkung, dass der Tempel »der Einheit aller Kulte geweiht« war, fehlt im Erstdruck, sie ist Zusatz der Buchausgabe. Die blasphemische Weihe an die Einheit der Kulte zeigt, dass dem Antichrist nur die äußere Form der Einheit wichtig ist, nicht aber das Prinzip, aus dem allein die wahre Einheit erwachsen kann.

139 Die Worte »Kardinal und kaiserlicher Kanzler « fehlen im Erstdruck. Solov'ev leitet sie ein durch *»on-že«*, eine in der Kanzleisprache übliche Partikel zur Kennzeichnung eines Zweitnamens, die unserem »alias« entspricht. Die seltsame Vielseitigkeit des Apollonius wird dadurch in leicht ironischer Weise hervorgehoben.

140 Ein russischer Philanthrop und Volkserzieher, Nikolaj Nikolaevič Nepljuev, der in seinen sozialethischen Anschauungen und in seiner antikirchlichen Haltung Lev Tolstoj nahestand, hatte 1899 zur Teilnahme an einem »Kongress der einigen Menschheit« aufgerufen. Darauf spielt Solov'ev mit dem »Marsch der einigen Menschheit« an. Er stand Nepljuev offenbar skeptisch gegenüber; er erwähnt ihn in den »Drei Gesprächen« mit einiger Skepsis und leichter Ironie (DG 8, S. 208 und S. 511–513).

141 Im Erstdruck stand statt »sittliche Disziplin«: »richtige *(pravil'naja)* Disziplin«, vielleicht ein Druckfehler. Gut zur Rede des Kaisers an die Katholiken Maceina, S. 96. – Zur geistlichen Autorität vgl. DG 5, S. 16 f. und Dostoevskij, »Großinquisitor«, S. 22.

142 Kaiser Konstantin der Große (gestorben 337), der erste römische Kaiser, der das Christentum staatsrechtlich anerkannt und gefördert hat. Der römischen Kirche hat er keine besonderen Privilegien eingeräumt;

aber in der sogenannten Konstantinischen Schenkung, einer Fälschung des 8. Jahrhunderts, wird dies behauptet; diese Fälschung »spielte vom 11. Jahrhundert ab eine verhängnisvolle Rolle in der Argumentation der päpstlichen Partei zur Durchsetzung ihrer weltlichen Machtansprüche« (RGG^3, Bd. 3, Sp. 1787). Wenn der Antichrist auf dieses gefälschte Dokument anspielt, von dem er selbst genau weiß, dass es eine Fälschung ist, so kommt er damit jenen Tendenzen im römischen Katholizismus entgegen, die die »römische Idee« im Sinne des »Papismus« verstehen. Vgl. Anm. 113 und Solov'evs Ausführungen über »Papsttum und Papismus«, DG 2, S. 278 ff.

143 Der Antichrist fordert verhältnismäßig wenig. Zunächst, in der allgemeinen Anrede an die »Christen aller Richtungen«, wünscht er sich nur, dass sie ihn »nicht aus Pflichtgefühl, sondern aus dem Gefühl herzlicher Liebe anerkennen als ihren wahren Führer *(istinnyj vožd')* in einem jeglichen Werk, unternommen zum Heile der Menschheit« (S. 33). Jetzt, in der Anrede speziell der Katholiken, fordert er von diesen fast noch weniger: Sie sollen ihn anerkennen als einzigen Fürsprecher und Beschützer« *(»edinstvennyj zastupnik i pokrovitel'«)*; etwas mehr von den Protestanten: sie sollen ihn als „souveränen Führer« *(»deržavnyj vožd'«)* anerkennen; am meisten von den Orthodoxen: sie sollen ihn ihren »wahren Führer und Herrn« nennen *(»istinnyj vožd' i vladyka«)*. Er weiß, wie viel er den einzelnen Konfessionen zumuten kann: Orthodoxe und Protestanten, die in staatskirchlichen Traditionen leben, sind hier zu weitergehenden Konzessionen bereit als die Katholiken, die auf die institutionelle Selbstständigkeit der Kirche bedacht sind. – Solov'evs Antichrist unterscheidet sich hier (wenigstens vorläufig noch) von dem »Tier aus dem Abgrund« aus der Offenbarung des Johannes, das »große Dinge und Lästerungen redet« (Offb 13,5). Solov'ev betont im Antichrist mehr die Kunst der Verstellung, die Maske des Guten, mit der er den Abgrund des Bösen verdeckt. Aber freilich sind auch seine Forderungen so, dass sie, wenn auch in sehr vorsichtiger Weise, die Grenze dessen überschreiten, was nach Solov'evs Meinung das Oberhaupt des Staates von der Kirche fordern darf. In der »Rechtfertigung des Guten«, DG 5, S. 644, werden die Sphären von Kirche und Staat sorgfältig voneinander abgegrenzt und die Regeln der »normalen Beziehungen« zwischen ihnen formuliert. Ein Staatsführer, der diese Grenzen überschreitet, der die staatliche und die religiöse Sphäre vermischt, der sich »in unsinniger und unheilvoller Usurpation« geistliche Rechte anmaßt, wird schon dort (S. 646) in Beziehung gebracht zu »dem Menschen der Gesetzlosigkeit der letzten Tage« (s. auch S. 658 und auf S. 842 die Anm. zu 658,20). Diese geistliche Autorität aber versucht der Antichrist durch seine schmeichlerischen Angebote an die Christen zu erlangen, wenn er von ihnen als »wahrer« oder »souveräner«

»Führer«, als »einziger Fürsprecher und Beschützer«, als »Führer und Herr« anerkannt werden möchte. Der Papst Petrus weist dies Ansinnen denn auch mit Zorn zurück und sagt dem Antichrist, wer der einzige »Herr« *(»vladyka«)* der Kirche ist (S. 38). – Im Hintergrund steht hier auch Solov'evs heftiger Kampf gegen das System des russischen Staatskirchentums. Der Amtseid der Mitglieder des »Heiligen Sinod« (DG 8, 415), der 1721 eingeführt und erst 1901 abgeschafft worden ist (gewiss hat auch Solov'evs Kampf gegen das russische Staatskirchentum zu dieser Abschaffung beigetragen), lautete: »Ich bekenne und schwöre, dass der höchste Richter dieses Geistlichen Kollegiums der Monarch von ganz Russland, unser allergnädigster Herrscher selbst, ist« (»Duchovnyj Reglament Petra I-go«, Moskva 1904, S. 10; Ivan Žužek, »Kormcaja Kniga. Studies on the Chief Code of Russian Canon Law«, Roma 1964, S. 201). Gegen diesen Eid wurde von kirchlicher Seite von früh an, aber vergeblich opponiert. Der Bischof Arsenij Maceevič (1696–1772) forderte folgende Änderung des Wortlautes dieses Eides: »Ich bekenne und schwöre, dass er selbst, unser Herr, Gott und Heiland Jesus Christus, das allmächtige Haupt der Kirche und Hoherpriester und König, der herrscht und richtet über alle Lebenden und Toten, der höchste Richter und Gesetzgeber dieser geistlichen Leitung (d. h. des Hl. Sinod) ist« (Žužek, a. a. O., S. 202). Diese Antwort des orthodoxen Bischofs an den russischen Zaren ist fast die gleiche, die Papst Petrus auf S. 38 dem Antichrist gibt.

144 »Wir danken dir, Herr! Lass den großen Kaiser in Gesundheit leben!« Die Worte sind aus dem lateinischen Tedeum für Herrscher genommen.

145 Im Erstdruck hieß es statt »mehr als die Hälfte« nur: »die Hälfte«.

146 Im Jahre 1896, also mehr als drei Jahre vor der Niederschrift der »Erzählung vom Antichrist«, hat Solov'ev in einem Brief an den katholischen französischen Publizisten Tavernier seine Vorstellungen vom Endstadium der Geschichte skizziert. Er schreibt hier, es sei die Pflicht der Gläubigen, sich angesichts der bevorstehenden Ereignisse immer enger zusammenzuschließen; diese moralische und religiöse Einheit der Christen könne aber nicht willkürlich hergestellt werden, sondern sie müsse »eine legitime und traditionelle Grundlage haben: das ist eine Pflicht, die von der Pietät geboten wird. Da es in der Christenheit nun aber nur einen legitimen und traditionellen Mittelpunkt der Einheit gibt, folgt, dass die wahrhaft Gläubigen sich um ihn sammeln müssen, was um so angemessener ist, als er heute keine äußere Zwangsgewalt mehr besitzt und sich folglich jeder nach dem Maß dessen, was ihm sein Gewissen erlaubt, ihm anschließen kann. Ich weiß, dass es Priester und Mönche gibt, die anders darüber denken und die fordern, dass man sich der kirchlichen Autorität ohne Vorbehalt ergebe, wie man sich

Gott ergibt. Das ist ein Irrtum, den man Häresie wird nennen müssen, wenn er klar formuliert wird. Man muss darauf gefasst sein, dass neunundneunzig Prozent der Priester und Mönche sich für den Antichrist erklären werden. Das ist ihr gutes Recht, und es ist ihre Sache ...« (DG, Erg.-Bd., S. 183). Offenbar hatte Solov'ev die Konzilsszene der »Erzählung vom Antichrist« schon konzipiert, als er im Mai und Juni 1896 diesen Brief an Tavernier schrieb. – Es ist interessant, dass die katholischen Laien den Lockungen des Antichrist in geringerem Maße folgen, die Mönche schon stärker, am stärksten die Hierarchie.

147 »Die Pforten der Hölle werden sie (die Kirche) nicht überwältigen«, nach Mt 16,18, aus dem Wort der Verheißung, das Jesus, als Antwort auf das Christusbekenntnis des Petrus, an diesen richtet.

148 In »Russland und die Universale Kirche« sagt Solov'ev, in der Ostkirche gebe es statt eines positiven Prinzips und statt einer realen Institution, wie das Papsttum sie besitze, nur »archäologische Erinnerungen« (DG 3, 203). Im gleichen Werk lässt er den sich selbst überschätzenden Staat zur Kirche sagen: »Ich verehre die heilige Archäologie, ich verneige mich vor der Vergangenheit, die ernstlich *Vergangenheit* sein will. Ich rühre nicht an Dogmen und Sakramente, solange man sich nicht einmischt in die profane Wirklichkeit, die ungeteilt mir gehört« (DG 3, S. 408). – Gut zur Rede des Antichrist an die Orthodoxen: Maceina, S. 98; abwegig über das »Museum« Strémooukhoff, S. 291.

149 Vgl. o., Anm. 143.

150 Bei »Osten« ist an die griechische und orientalische, bei »Norden« an die slawische Orthodoxie gedacht.

151 Die spezifische Gefährdung der Orthodoxie liegt nach Solov'ev in ihrem Traditionalismus. Hier ist es nicht die Hierarchie, die der Gefahr besonders ausgesetzt ist, sondern es sind vor allem die Mönche und das Volk. Die Priester waren im Erstdruck nicht genannt, sie sind erst in der Buchausgabe hinzugefügt. – Die ehemaligen Altgläubigen (s. o., Anm. 120) gehen in geringerer Anzahl zum Antichrist über als die Glieder der orthodoxen Staatskirche. Solov'ev will damit wohl sagen, dass die offizielle Orthodoxie im Grunde »altgläubiger«, traditionalistischer sei als die Altgläubigen. – Der schiefe Blick, den die Orthodoxen auf die Katholiken werfen, bezeugt, dass zu ihrem Traditionalismus eigentlich auch die traditionelle Feindschaft gegen Rom gehört. Nur weil die Kraft der Verführung durch den Antichrist so groß ist, vermögen sie in dieser Hinsicht ihren Traditionalismus zu überwinden.

152 Vgl. hierzu den Brief an Tavernier von 1896, wo betont wird, dass die verbleibenden Gläubigen sich um Rom als das legitime und traditionelle Zentrum der christlichen Welt sammeln müssen (s. Anm. 146).

153 Die Evangelisch-theologische Fakultät der Universität Tübingen war in Russland durch David Friedrich Strauß (s. o., Anm. 52) bekannt

geworden und in den kirchlich gesinnten Kreisen in Verruf gekommen; Strauß hatte in Tübingen studiert, war Repetent an dem theologischen »Tübinger Stift« gewesen, und auf dem Titelblatt der ersten Auflage des »Lebens Jesu« stand unter dem Namen des Verfassers: »Repetent zu Tübingen«. Den Ruf eines extremen Liberalismus und ungerechtfertigten Skeptizismus in der Frage der »Echtheit« der biblischen Schriften hatte aber auch die ganze sogenannte » Tübinger Schule«. Ihr Haupt war Strauß' Lehrer Ferdinand Christian Baur (1792–1860), seit 1826 Professor in Tübingen. So war Tübingen im Bewusstsein der russischen Öffentlichkeit bis in unser Jahrhundert hinein einer der Mittelpunkte der hyperkritischen Bibelwissenschaft und der »extremen, negativen Tendenzen des Protestantismus« (vgl. S. 29). Siehe dazu: L. Müller, »Dostoevskij und Tübingen«.

154 Die Worte »von allen möglichen Seiten und in allen möglichen Richtungen« sind Zusatz der Buchausgabe.

155 Vgl. o., Anm. 143

156 Im Erstdruck folgte hier ein Satz, den Solov'ev in der Buchausgabe gestrichen hat, wohl weil er in diesem Zusammenhang als allzu scherzhaft erschien. Er lautete: »Von weitem sah man nur seine Glatze und die Schleife seiner Krawatte; es sah aus, als ob sich ein weißer Schmetterling unter einen Kürbis gesetzt hätte.«

157 Solov'ev denkt offenbar an einen evangelischen Theologen, der vom extremen Liberalismus zum kirchlichen Christentum zurückgekehrt war. Ich weiß nicht zu sagen, wen er konkret meint. Denkt er vielleicht an »den berühmten Harnack« (s. DG 8, S. 528)? – Es ist interessant, dass die evangelischen Theologen, die gemäß dem »protestantischen Prinzip« in Sachen des Glaubens grundsätzlich keine Autorität anerkennen, stärker als die Katholiken und Orthodoxen auf ihren »Führer«, Professor Pauli, schauen und sich durch sein Verhalten wenigstens beunruhigen lassen.

158 Vgl. auch hierzu den Brief an Tavernier von 1896. Auch die Protestanten scharen sich »nach dem Maß dessen, was ihnen ihr Gewissen erlaubt«, um Rom als das legitime und traditionelle Zentrum der christlichen Welt (s. o., Anm. 146).

159 Kol 2,9. – Der Satz, dass das Teuerste am Christentum die Gestalt Christi sei, richtet sich auch gegen die von Tolstoj vertretene Auffassung, die Gestalt Christi sei unwichtig und das Teuerste am Christentum sei das, was als »Lehre Christi« überliefert ist – gleichgültig, ob diese Lehre nun von Jesus Christus oder von jemand anders stammt, gleichgültig sogar, ob es diesen Jesus überhaupt gegeben hat. Siehe dazu DG 8, S. 442. Vgl. auch Anm. 210.

160 Der Staretz Johannes zitiert aus dem Nizänischen Glaubensbekenntnis; vgl. dazu den 17. der »Sonntagsbriefe«, DG 8, S. 79 ff. – Vgl. auch

1 Joh 4,2 f.: »Ein jeglicher Geist, der da bekennt, dass Jesus Christus ist ins Fleisch gekommen, der ist von Gott; und ein jeglicher Geist, der da nicht bekennt, dass Jesus Christus ist in das Fleisch gekommen, der ist nicht von Gott . Und das ist der Geist des Widerchrist ...«; ferner: 2 Joh 7,1. Tim 3,16.

161 »Jene schicksalhafte Nacht«: s. S. 37 Dieser Satz ist eine der wenigen Verknüpfungen zwischen der ersten und der zweiten Antichrist-Konzeption Solov'evs; s. Anm. 52.

162 Dieser ganze Satz fehlt im Erstdruck; Solov'ev hat ihn in der Buchausgabe hinzugefügt. Wiederholt hat Solov'ev die Meinung geäußert, der Antichrist wünsche nicht, »vor der Zeit« in seinem eigentlichen Wesen erkannt oder verkündet zu werden. Siehe dazu DG 8, S. 541, die Anmerkung zu 257,6.

163 Auch dieser Satz (von »Plötzlich« an) ist erst in der Buchausgabe eingefügt. Er verklammert (nachträglich) die erste und die zweite Antichrist-Konzeption. Die »bekannte, unirdische Stimme« ist die gleiche, die auf S. 37 zu ihm gesprochen hat.

164 Der Staretz Johannes spricht im Stil des ersten Johannesbriefes, wo gern die Anrede »Kindlein« benutzt und außerdem mit Nachdruck auf den Antichrist verwiesen und vor ihm gewarnt wird. Vgl. o., Anm. 160. – An dieser Stelle der Lesung entfernt sich der Fürst leise aus der Gesprächsrunde (s. S. 47). Nikolaj Berdjaev (1874–1948) schreibt in seinem Buch »Russkaja ideja« (»Die russische Idee«), Paris 1946, S. 180, über diese Stelle: »In der Erzählung vom Antichrist, erkennt der orthodoxe Staretz Johannes als erster den Antichrist, und damit wird die mystische Berufung der Orthodoxie bestätigt.« Vgl. o., Anm. 121.

165 Vgl. dagegen das Wort Jesu Mk 15,34: »Mein Gott, mein Gott, warum hast du mich verlassen?«

166 Vgl. Offb 13,4.

167 Jetzt, nach dem Erweis seiner Macht, geht der Antichrist schon etwas weiter als bei der ersten, freundlichen Anrede an die einzelnen Konfessionen (s. o., Anm. 143); er wünscht jetzt Anerkennung als »Oberster Führer und Herr« *(»verchovnyj vožd' i vladyka«)*, früher nur als »wahrer Führer und Herr« (140) oder als »souveräner Führer« (140). Die neue Formulierung entspricht noch genauer dem von Peter d. Großen geforderten Diensteid der Mitglieder des »Hl. Sinod« (s. o., Anm. 143).

168 »*Contradicitur*«, lat.: »Es wird widersprochen.« Mit diesem Wort erhob auf der »Räubersynode« von Ephesus im Jahre 449 der Gesandte des römischen Papstes Einspruch gegen das ungesetzliche Vorgehen der Mehrheit des Konzils. Solov'ev schreibt dazu in »Russland und die Universale Kirche« (DG 3, S. 318): »Die ganze unsterbliche Macht der Kirche hatte sich für die östliche Christenheit konzentriert in diesem

einfachen, von einem römischen Diakon ausgesprochenen juristischen Terminus *contradicitur* ... Das *contradicitur* des römischen Diakons war das Prinzip gegen das Faktum, das Recht gegen die brutale Gewalt, es war die unerschütterliche moralische Festigkeit vor dem triumphierenden Verbrechen der einen und der Lässigkeit der anderen – es war, mit einem Wort, der unerschütterliche Felsen der Kirche gegen die Pforten der Hölle.«

169 Der zweite Petrus wiederholt das Christusbekenntnis des ersten Petrus, nach Mt 16,16: »Du bist Christus, der Sohn des lebendigen Gottes«; vgl. ferner die Formulierung des Amtseides der Mitglieder des »Hl. Sinod« durch Arsenij Maceevič, s. o. Anm. 143.

170 Vgl. 1 Kor 5,5. Solov'ev trifft schön die bildhafte und starke Sprache kirchlicher Fluchformeln. »Diener der Diener Gottes« *(»servus servorum Dei«)* ist seit Gregor dem Großen eine oft gebrauchte Selbstbezeichnung der Päpste. Solov'ev zitiert sie auch in DG 3, S. 418.

171 Zur Tötung der beiden Zeugen vgl. Offb 11,7. Vergleiche hierzu, was Solov'ev im Vorwort zur Buchausgabe der »Drei Gespräche« über die hier geschilderten Ereignisse sagt (s. o., S. 52).

172 Zur Formulierung vgl. Ri 5,31; Ps 6,1; 68,3; dagegen zur Sache: Christi Gebet für seine Feinde, Lk 23, 4.

173 *»Pereant«*, lat.: »Sie mögen zugrunde gehen!«

174 Professor Pauli nennt den Staretz Johannes »Bruder«, den Papst Petrus aber »Vater«. Damit erkennt er wiederum Rom als das »legitime und traditionelle Zentrum der christlichen Welt« an. Vgl. o., Anm. 158 und 152.

175 Durch den Konzilsbeschluss wird gleichsam kirchenamtlich festgestellt, dass die Endzeit jetzt wirklich angebrochen ist. Erst jetzt darf die Kirche sich aus der Welt zurückziehen; jetzt beginnt die letzte Scheidung, die von vielen apokalyptischen Sektierern der gesamten Kirchengeschichte und auch von den russischen Altgläubigen im 17. Jahrhundert zu früh vollzogen worden war.

176 Die lateinischen Worte (»Er komme, er komme bald«) nach Offb 22,20; die dann folgenden im Original deutsch; die weiterhin folgenden kirchenslawisch (»Komm, Herr Jesu!«), nach Offb 22,20b: Sie sind der Ausklang des letzten Buches der Bibel.

177 41,3 Die lateinischen Worte bedeuten: »Stellvertreter der beiden abgeschiedenen Zeugen Christi«. Professor Pauli »vertritt« oder »hält« jetzt die Stelle der höchsten Inhaber der kirchlichen Amts- und Lehrgewalt. Wo die Kirche als Institution zerstört ist, gewinnt das protestantische Prinzip, nach dem der Glaubende über Institutionen und Traditionen hinweg sich unmittelbar an die Schrift gebunden weiß, an Bedeutung und muss den »Platz halten« *(»locum tenere«)*, den vorher Institution und Tradition innehatten.

178 Dass die Leichname gerade hier ausgestellt werden, vielleicht nach Offb 11,8 (s. Anm. 179). Aber dass der Name der Straße, an der die Grabeskirche liegt, noch hinzugefügt und übersetzt wird und dass die Kirche dann mit voller Angabe der in ihr enthaltenen Heiligtümer bezeichnet wird als die Stätte des Grabes und der Auferstehung des Herrn, ist vielleicht gleichzeitig ein Hinweis darauf, dass die »Straße der Christen« ebenso wie der »Weg Christi« durch den Tod zur Auferstehung führt: Diesen Weg werden die beiden Zeugen Christi (Petrus und Johannes) geführt, auf dieser »Straße der Christen« gehen dann aber auch alle Gläubigen, ihn geht schließlich die ganze wiedergeborene Schöpfung in der Endkatastrophe der Geschichte.

179 In seiner engen Bindung an die Hl. Schrift versteht Professor Pauli das, was hier angeordnet wird, als die Erfüllung dessen, was in der Offenbarung des Johannes (11,7ff.) »geschrieben steht« über die Tötung der beiden Zeugen und die Ausstellung ihrer Leichname auf den Straßen Jerusalems, nahe der Stelle des Todes Christi: »Wenn sie (die zwei Zeugen) ihr Zeugnis geendet haben, so wird das Tier, das aus dem Abgrund aufsteigt, mit ihnen einen Streit halten und wird sie überwinden und wird sie töten. Und ihre Leichname werden liegen auf der Gasse der großen Stadt, die da heißt geistlich ›Sodom und Ägypten‹, da auch ihr Herr gekreuzigt ist.« Gemäß Offb 13,10 verzichtet Professor Pauli auf Widerstand.

180 In der Erstausgabe gehen die Christen nicht auf die einsamen Höhen bei Jericho, sondern auf den Ölberg nahe bei Jerusalem. Vielleicht wollte Solov'ev in der Buchausgabe die letzte Scheidung zwischen Kirche und Welt noch deutlicher hervortreten lassen und hat sie deswegen räumlich vergrößert.

181 Der Antichrist, der die Idee der Theokratie usurpiert, spielt sich als Nachfolger des theokratischen Königs Salomo auf. Nicht die theokratische Idee wird damit verworfen, sondern es wird gezeigt, dass der Antichrist auch diese »glänzende Hülle« benutzt, um das »Geheimnis der Gesetzlosigkeit« zu verbergen. – Eine Moschee, die »der Thron Salomos« heißt, steht an der Ostmauer des Haram esch-Scherif, nördlich des »Goldenen Tors«; s. Baedeker, S. 60.

182 Ebenso wie der Antichrist nicht ganz der Ordnung entsprechend, ohne Abstimmung, zum Römischen Kaiser gewählt war (s. o., Anm. 107), so wird auch Apollonius »etwas außerhalb der Legalität«, mit »gewissen rituellen Unterlassungen«, zum Papst gewählt. Die historisch gewachsenen Ordnungen und Regeln sind gut und nützlich; sie ermöglichen das menschliche Zusammenleben in der Welt, aber sie sind keine völlige Sicherung. Der Macht des Bösen ist es ein leichtes, sie zu überspielen.

183 Lat.: »Ich nehme es an und billige es, und mein Herz freut sich.«

184 In dem in der Anm. 107 genannten Buch des Bruders Solov'evs sagt Elena Blavackaja zu Vsevolod Solov'ev: »Eigentlich bin ich ebenso sehr eine Buddhistin wie eine Christin wie auch Muhammedanerin« (S. 18).

185 Der mittlere Teil des Haram esch-Scherif, mit dem Felsendom als Zentrum, ist durch eine besondere Mauer umgrenzt. Diesen mittleren Teil nimmt offenbar »das mittlere Schloss« des Antichrist ein. Der Kubbet al aruach liegt innerhalb dieser Mauer, nordwestlich vom Felsendom; s. Baedeker, S. 55; Abbildung bei Duncan, S. 75. Die folgende Szene soll offenbar besagen, dass die Geister des Bösen aus ihrem »Gefängnis« heraus streben, weil sie sich am letzten Kampf des Bösen gegen das Gute beteiligen wollen. Solange die Schöpfung (mindestens bis zu einem gewissen Grade) unter der Herrschaft Gottes steht, sind die Kräfte des Bösen noch (bis zu einem gewissen Grade) gefesselt. Erst in der Endzeit werden sie »erlöst« und können sich austoben. Vgl. dazu im Neuen Testament 2 Thess 2,3-12, besonders Vers 7, eine Stelle, die für Solov'evs Auffassung vom Antichrist von größter Wichtigkeit ist. – Bei Solov'ev selbst vergleiche zu dieser Szene aus der »Kurzen Erzählung vom Antichrist« sein Gedicht »Im Archipelag bei Nacht« (o., S. 51).

186 In der Buchausgabe bemerkt Solov'ev zu dieser Stelle: »Vergleiche hierzu, was im Vorwort zu dieser Stelle gesagt ist.« – Dass der falsche Papst Ablassbriefe über seine Anhänger regnen lässt, ist eine Erinnerung an einen »der groben mittelalterlichen Missbräuche« der römisch-katholischen Kirche (DG 5, S. 563) und vielleicht auch eine gewisse Kritik an der katholischen Ablasslehre und -praxis überhaupt.

187 Vgl. Offb 11,10: »Und die auf Erden wohnen, werden sich freuen über sie (die Leichname der beiden Zeugen) und wohl leben und Geschenke untereinander senden.«

188 Professor Pauli unternimmt den Zug nach Jerusalem, und zwar gerade jetzt, dreieinhalb Tage nach dem Konzil und der Tötung der beiden Zeugen, weil er der Prophezeiung von Offb 11,11 glaubt: »Und nach dreien Tagen und einem halben fuhr in sie der Geist des Lebens von Gott.«

189 Zum Schlaf der Wachsoldaten vgl. die zahlreichen bildlichen Darstellungen der Auferstehung Christi mit den schlafenden Wachsoldaten.

190 Offb 11,11: »... fuhr in sie der Geist des Lebens von Gott«.

191 Offb 11,11: »... und sie traten auf ihre Füße«.

192 Joh 17. 21.

193 Joh 21,15 ff. – Vgl. dazu Solov'evs Bekenntnis zum Primat des Bischofs von Rom in DG 3, S. 187, Z. 5 von unten. Der Staretz erkennt den Ehrenvorrang und das oberste Hirtenamt des Papstes an, nicht jedoch den Jurisdiktionsprimat.

194 »*Tu es Petrus*«, lat.: »Du bist Petrus«, Mt 16,18. Vgl. Anm. 147 und 169.

195 Im Original deutsch; ebenso die im nächsten Satz mitgeteilten Worte des Professors Pauli. »Außer jeden Zweifel gesetzt« ist durch die Erfüllung aller Weissagungen der Schrift, dass Papst Petrus II. der legitime Nachfolger des Apostels Petrus ist, zu dem Christus die eben zitierten Worte der Verheißung gesprochen hat. Solov'ev will hier jene typisch protestantische Haltung schildern, die erst glaubt, wenn alles »gründlich erwiesen und außer Zweifel gesetzt« ist. Er steht dieser Vorsicht im Glauben, diesem »Unglauben aus Gewissenhaftigkeit« mit Verständnis und einer gewissen Sympathie gegenüber. Vergleiche dazu den »Osterbrief« Nr. 12, DG 8, S. 57ff.

196 Früher hatte Solov'ev geglaubt, die Vereinigung der Kirchen werde sich gleichsam am Tage, im hellen Lichte der Geschichte, unter dem Jubel des christlichen Volkes und unter dem Klang aller Glocken in der christlichen Welt vollziehen, und ihr Ergebnis werde die »Schaffung einer christlichen Kultur« sein (DG 2, S. 320). Jetzt vollzieht sie sich »inmitten dunkler Nacht, an einem hochgelegenen und einsamen Ort«; das Volk jubelt dem Antichrist zu, und die Kirchenglocken läuten für die gotteslästerlichen Taten des falschen Papstes. Und da die Kirchenvereinigung sich am Ende der Menschheitsgeschichte vollzieht, kann ihr auch keine »Schaffung einer christlichen Kultur« mehr folgen. – Im Übrigen aber sind die hier von Solov'ev in dichterischer Form dargelegten Ideen über die Vereinigung der Kirchen die gleichen, die er 17 Jahre zuvor in der Schrift »Der große Streit und die christliche Politik« (DG 2) als leidenschaftlichen Aufruf an die Christen in Ost und West in publizistischer Form ausgesprochen hatte. Dort hatte er gesagt: Der christliche Osten hatte die besondere Gabe und Aufgabe der Bewahrung der kirchlichen Wahrheit, der Westen die der Organisation des kirchlichen Handelns (DG 2, S. 320). Diese Unterschiede rechtfertigen aber nicht die Trennung der Kirchen, sondern fordern gerade ihre Vereinigung: Der Staretz Johannes *erkennt* den Antichrist, der Papst Petrus tritt *handelnd* gegen ihn auf. Getrennt sind die verschiedenen Gaben unnütz, vereint befähigen sie zum wahrhaft kirchlichen Tun. »Es ist klar, dass die Ursache des allgemeinen Misserfolges des Werkes des Christentums nicht im bewahrenden Charakter des östlichen und nicht im tätigen des westlichen Christentums liegt, sondern in ihrer unchristlichen Trennung« (S. 320). Neben Überlieferung und Autorität tritt aber als drittes, den beiden anderen gleichberechtigtes Prinzip des christlichen Lebens »das protestantische Prinzip des persönlichen Gewissens und der Freiheit« (S. 322). Wie hier der Staretz Johannes, der mit seiner Hinwendung zum Papst Petrus II. den ersten Schritt zur Kirchenvereinigung tut, ein Russe ist, so betrachtet Solov'ev es auch im »Großen Streit«

gerade als *Russlands* Aufgabe, diese Vereinigung herbeizuführen, da es an der Trennung, die sich zwischen Byzanz und Rom vollzogen hat, unbeteiligt war, und schon dort lässt Solov'ev nach der Vereinigung von Ost- und Westkirche sich auch den Protestantismus wieder mit der Kirche vereinigen, weil diese Einheit dann eben eine *freie* ist (S. 323).

197 Das Bild von dem »Weib, das mit Sonne bekleidet ist«, ist wörtlich aus Offb 12,1 übernommen. Die Gestalt erscheint in dem Augenblick, in dem die irdischen Kirchen sich vereinigt haben, in dem die Menschheit sich bereitet hat, sich für ewig mit Gott zu verbinden. Vgl. dazu »Russland und die Universale Kirche«, DG 3, S. 366–369, wo der Sinn dieser himmlischen Erscheinung deutlich gemacht wird: Sie ist »die in der Kirche mit Gott vereinte Menschheit«, »die Braut und Gemahlin des göttlichen Wortes«, »die vollkommen bekehrte, gereinigte und mit der Weisheit selbst eins gewordene Weltseele«. Vergleiche dazu auch, was Solov'ev in der Vorrede zur dritten Auflage seiner Gedichte im April 1900 geschrieben hat: »Das Weib, in Sonne gekleidet, quält sich schon in den Wehen der Geburt: Sie soll die Wahrheit offenbaren, das Wort gebären, und da sammelt die alte Schlange auch ihre letzten Kräfte gegen dieses Weib und will es ersäufen in den Giftströmen wohlgestalteter Lüge, scheinwahrer Trügereien. All dies ist vorausgesagt, und vorausgesagt ist auch das Ende: Am Ende wird die Ewige Schönheit fruchtbar sein, und aus ihr wird das Heil der Welt hervorgehen, wenn ihre trügerischen Abbilder erlöschen …« (Solov'ev, »Stichotvorenija«, 1968, S. XIII; deutsch in „Übermensch und Antichrist«, S. 138 f.). – Mit dem Erscheinen der Sophia ist die Weltgeschichte an ihr Ziel und Ende gekommen. Darum verlieren die Ereignisse, die nun noch berichtet werden, auch schon die irdischen Dimensionen. – Von dem Erscheinen der Sophia aus erklärt sich auch das Datum der Konzilseröffnung am 14. September (s. o., Anm. 126). Der 14. September liegt jetzt drei Tage zurück, wir sind jetzt also am 17. September. An diesem Tage aber feiert die Orthodoxe Kirche das Fest der heiligen Sophia. (So Strémooukhoff, S. 296. Maceinas Einwendungen gegen diese Deutung des Datums halte ich nicht für stichhaltig, seine eigene Deutung nicht für überzeugend; Maceina, S. 106 ff.)

198 Statt »Erscheinung« stand im Erstdruck hier und im übernächsten Satz: »Meteor«. Solov'ev ändert, weil er nicht möchte, dass die endzeitliche Erscheinung des »Weibes, mit Sonne bekleidet« rationalistisch missdeutet wird als ein normales astronomisches Ereignis. – Bei dem »Meteor« der Erstfassung hat er wohl an den Stern gedacht, der den Magiern aus dem Osten den Weg zur Krippe von Bethlehem gewiesen hat (Mt 2,2.9).

199 Dass die Schar der Christen zum Sinai zieht, ist wohl gedacht als die endzeitliche Wiederholung des »Exodus«, des Auszugs der Kinder

Israel aus Ägypten in die Wüste, zum »Berge Gottes«. So wird der Sinai Ex 24,13 genannt.

200 Im Moskauer Danielskloster war Gogol' (1809–1852), einer der Lieblingsschriftsteller Solov'evs, begraben (jetzt ist er umgebettet und liegt auf dem Friedhof beim Novodevičij-Kloster). Solov'ev konnte Gogol' in gewisser Hinsicht für einen Vorläufer des Vaters Pansofij halten. Auch Gogol' hatte apokalyptische Ahnungen und Befürchtungen. In der ersten Fassung des »Porträt« lässt Gogol' einen seiner Helden, den Vater Grigorij, sagen: »Mein Sohn, schon bald, bald kommt die Zeit, wo der Versucher des Menschengeschlechtes, der Antichrist, auf die Welt geboren wird. Schrecklich wird diese Zeit sein; vor dem Ende der Welt wird sie eintreten. Er wird dahinjagen auf einem gewaltigen Ross, und große Qualen werden die erdulden, die Christo treu bleiben ... Wundere dich, mein Sohn, über die schreckliche Macht des Teufels. In alles strebt er einzudringen; in unsere Taten, in unsere Gedanken, und selbst in die Begeisterung des Künstlers. Zahllos werden die Opfer dieses höllischen Geistes sein ... Wehe, mein Sohn, der armen Menschheit.«

201 Vgl. Johannes von Damaskus: »Er wird die, deren Denken eine schwache, nicht starke Grundlage hat, täuschen.« (s. o., Anm. 94)

202 Dieser ganze Satz (beginnend mit »Er erklärte ...«) fehlt im Erstdruck; Solov'ev hat ihn in der Buchausgabe hinzugefügt. Die mystische Unzucht gehört nach Solov'ev mit zu den Kennzeichen der letzten Zeit. Vgl. dazu die im April 1900 geschriebene Einleitung zu seinen Gedichten (»Stichotvorenija«, 1968, S. XII, deutsch in »Übermensch und Antichrist«, S. 137): »Die Übertragung fleischlicher, tierisch-menschlicher Beziehungen in das Gebiet des übermenschlichen ist der größte *Gräuel* und die Ursache des äußersten Verderbens (die Sintflut, Sodom und Gomorra, die Tiefen des Satans, der Endzeit).« Mit den »Tiefen des Satans« spielt Solov'ev an auf Offb. 2, 24, wo von der mystischen Unzucht der Gemeinde zu Tyatira die Rede ist.

203 Der Beginn dieses Satzes lautet im Erstdruck: »Aber kaum glaubte der Kaiser, sich bei dem Gedanken beruhigen zu können, dass weder die einen noch die anderen (d. h. weder die wahren, treuen, noch die von Apollonius verführten Christen; L. M.) ihm gefährlich werden könnten, als ein neues Unheil ...« – Zum Inhalt der jetzigen Fassung dieses Satzes vgl. 2 Thess 2,3 f.: »Der Tag Christi kommt nicht, es sei denn, dass zuvor der Abfall komme und offenbar werde der Mensch der Sünde, das Kind des Verderbens, der da ist der Widersacher und sich überhebt über alles, was Gott oder Gottesdienst heißt, also dass er sich setzt in den Tempel Gottes als ein Gott und gibt sich aus, er sei Gott.« Ähnlich Irenäus, S. 784, unter Hinweis auf diese Bibelstelle.

204 Im Erstdruck war auch die Zahl der Christen (vor dem Auftreten des Antichrist) mit dreißig Millionen angegeben (in der Buchausgabe sind es fünfundvierzig Millionen, vgl. o. S. 28. In der Buchausgabe ist das zahlenmäßige Verhältnis der Juden zu den Christen zwei zu drei; in der Erstfassung war es eins zu eins.

205 Zu der Auffassung Solov'evs, dass die Juden dem Antichrist zunächst helfen werden, verweist Maceina, S. 84, auf Joh 5,43, wo Jesus zu den Juden sagt: »Ich bin gekommen in meines Vaters Namen, und ihr nehmet mich nicht an. So ein anderer wird in seinem Namen kommen, den werdet ihr annehmen.« (Vgl. o., Anm. 87) Cyrill von Jerusalem (gest. 386) sagt ausdrücklich: »Zuerst wird er sich stellen, als wäre er ein gelehrter und weiser Mann, und wird Milde, Mäßigung und Menschenfreundlichkeit heucheln. Durch falsche, trügerischer Zauberkunst entsprungene Zeichen und Wunder wird er, den erwarteten Messias spielend, die Juden täuschen« (deutsch von Häuser, 1922, S. 268 f.). Ähnlich spricht Hippolyt von Rom (zu Anfang des 3. Jahrhunderts) in seinem »Buch über Christus und den Antichrist« über die Beziehungen des Antichrist zu den Juden (Kap. 54 und 58).

206 Vielleicht denkt Solov'ev an das elfte Kapitel des Briefes an die Römer, in dem Paulus voraussagt, dass »das ganze Israel gerettet werden wird« (Röm 11,26). Aber offenbar denkt Solov'ev noch an andere Stellen aus »der Schrift und der Tradition«. An welche?

207 Die Wendung »stand auf wie ein Mann« nach Ri 20,8; 1 Sam 11,7. – Dieser ganze Satz fehlt im Erstdruck. Statt dessen stand dort: »Ganz Palästina schnob Zorn und Rache.«

208 Vgl. hierzu Solov'evs Aufsatz »Das Judentum und die christliche Frage« aus dem Jahre 1884, DG 4, besonders S. 568 ff.

209 Vgl. Ez 38,19 ff.; Offb 16,18. Der Untergang des Antichrist in der Nähe des Toten Meeres lässt an den Untergang von Sodom und Gomorra, Gen 19,24 f., denken. Vgl. Anm. 202.

210 Vgl. Offb 19 f.

211 Vgl. Mt 24,27.

212 Christus zeigt den Juden die Nägelmale, weil gerade das Kreuz Christi die Juden daran gehindert hat, ihn als den verheißenen Messias zu begreifen und anzunehmen. Vgl. dazu »Das Judentum und die christliche Frage«, DG 4, S. 581 f. – Offenbar nehmen die Juden den Gekreuzigten jetzt als ihren König an.

213 Er heißt hier nicht mehr »Pauli«, sondern »Paulus«. Es könnte ein Druckfehler, dürfte aber eher Absicht des Erzählers sein: Die endzeitlichen Vertreter des Christentums sind jetzt verschmolzen mit ihren apostolischen Urbildern.

214 Offb 52. – Jetzt beginnt also das sogenannte »tausendjährige Reich«. Die allgemeine Katastrophe des Weltenbaus, von der im nächsten

Absatz die Rede ist, ist der Anbruch des ewigen Reiches Gottes, nach Offb 20,7-15, Kap. 21 und 22.

215 Das gleiche Bild vom Ende des »Dramas der Geschichte« benutzt Solov'ev in »Aus Anlass der letzten Ereignisse« (oben, S. 59).

216 Das Sprichwort ist gemeineuropäisch (Graf, S. 110). Schön (und ganz im Sinne Solov'evs) sagt Tersteegen (1697–1769): »Es ist nicht alles gut, was äußerlich so scheinet. / Es ist nicht alles schlecht, was man so nennen kann: / *Deß* Werk ist gut und groß, der Gott darinnen meinet, / Sonst ist dein Tun gering und nicht viel gutes dran« (»Geistliches Blumengärtlein«, S. 307). Oder Kant: »Alles Gute aber, das nicht auf moralisch-gute Gesinnung gepfropft ist, ist nichts als lauter Schein und schimmerndes Elend« (»Idee zu einer allgemeinen Geschichte in weltbürgerlicher Absicht«, 7. Satz). – Zum folgenden Satz vgl. 2 Tim 3,5.

217 Der Fürst ist also weggelaufen, als der Staretz vom Antichrist das Christus-Bekenntnis fordert: »Jesus Christus, der Sohn Gottes, erschienen im Fleisch, auferstanden und wiederkommend.« Dies ist für Solov'ev das Wesentliche am Christentum, für Tolstoj gerade nicht. Insofern ist Tolstoj doch auch in der »Erzählung vom Antichrist« noch als Gegner Solov'evs gegenwärtig. Vielleicht nimmt Solov'ev auch mit diesem Motiv des Weglaufens Bezug auf Tolstojs Roman »Auferstehung«: Dort verlässt der Held des Romans, der Fürst Nechljudov, eine Predigtversammlung in vornehmer Gesellschaft gerade an der Stelle, wo der Prediger von Christus als dem eingeborenen Sohn Gottes spricht, der zur Erlösung des Menschengeschlechtes auf die Erde gekommen sei (»Auferstehung«, 2. Teil, Kap. 17).

ANMERKUNGEN ZU DEN BEILAGEN

1 Das Gedicht »Panmongolismus«, dessen erste Strophe Solov'ev als Motto über die »Erzählung vom Antichrist« gesetzt hat, ist das berühmteste unter den politisch-prophetischen Gedichten Solov'evs. Er hat es am 1. Oktober 1894 geschrieben, als er die Nachricht vom Beginn des chinesisch-japanischen Krieges erhielt. Das Gedicht wurde erst 1905, nach der Niederlage Russlands im russisch-japanischen Krieg, veröffentlicht, als sich die Prophezeiung der vorletzten Strophe in schrecklicher Weise erfüllt hatte. Zu seiner Entstehung und zur Deutung der ersten Strophe s. o., Anm. 12. Ausführlich kommentiert ist das Gedicht in DG, Erg.-Bd., S. 339 f.

2 Veličko, geboren 1860, war Dichter, Schriftsteller und Journalist, mit Solov'ev befreundet (siehe über ihn DG , Erg.-Bd., S. 317). Auf welche Ereignisse Solov'ev in dem Brief anspielt, ist nicht ganz klar. Offenbar meint er die allgemeine Verdüsterung des weltpolitischen Horizontes, vor allem das damals sich festigende russisch-französische Bündnis, das die Gefahr eines großen europäischen Krieges heraufbeschwor, und die Vision des Panmongolismus. Vgl. dazu DG 8, S. 496 ff., und das chronologische Register zur russischen Geschichte (ebd., S. 660) zu den Ereignissen der 90er Jahre des 19. Jahrhunderts.

3 Französisch: »Aber das hieße, ein Meer austrinken.«

4 Solov'ev fuhr in der Osterzeit des Jahres 1898 auf einem Schiff von Odessa nach Ägypten (DG, Erg.-Bd., S. 189 f., 261–265, 320, 347 ff.). Während das Schiff durch den griechischen Archipelag fuhr, hatte Solov'ev das in dem Gedicht wenn nicht beschriebene, so doch angedeutete Erlebnis, das ihn offenbar in seiner Überzeugung von der realen Existenz der Kraft des Bösen bestärkt hat. Die erste Strophe besagt, dass das Ende unserer Welt nicht durch das Wirken »toter Kräfte«, etwa durch das Erlöschen der Sonne, eintreten wird, sondern durch den Kampf metaphysischer Mächte, die hinter der materiellen Welt stehen.

5 Zur Entstehung, zum vollen Titel und zum Inhalt der »Drei Gespräche« s. o., S. 9–12, und (ausführlicher) in DG 8, S. 417 ff. Die »Drei Gespräche« waren zuerst in Fortsetzungen in einer Zeitschrift gedruckt worden (Oktober 1899 bis Februar 1900); bald danach hat Solov'ev eine Buchausgabe der »Drei Gespräche« erscheinen lassen; am Ostersonntag des Jahres 1900 (dem 9. April alten Stils) unterzeichnete er das Vorwort zu dieser Buchausgabe, in dem er sich über die Absicht und den Sinn des ganzen Buches und der in ihm enthaltenen »Erzählung vom Antichrist« geäußert hat. Wir bringen den Text des Vorwortes nur insoweit, als er sich auf die »Erzählung vom Antichrist« bezieht. Den

vollen Text siehe in DG 8, S. 117–128; den ausführlichen Kommentar dazu auf den Seiten 429–458.

6 Phil 2,6 f. »Thaumaturg« in der folgenden Zeile bedeutet »Wundertäter«. Einzelnes über die hier folgenden Hinweise auf die kirchliche Tradition über den Antichrist siehe in DG 8, S. 450 ff., und in diesem Band oben, bei den Anmerkungen zur »Erzählung vom Antichrist«, S. 67 ff. Zu der »in besonderer Weise sündigen Herkunft des Antichrist« (52) s. o., Anm. 91 »in besonderer Weise« will sagen: über die allgemein menschliche Solidarität in der Erbsünde hinaus.

7 Die kursiv gesetzten Worte bei Solov'ev in deutscher Sprache: offenbar ein Zitat aus einem deutschsprachigen Buch apokalyptischen Inhalts (vielleicht von Bengel oder Jung-Stilling?), das ich bisher nicht habe ermitteln können.

8 Vielleicht denkt Solov'ev an Offb 6,2 und 9,3-10.

9 Solov'ev denkt vielleicht an Kaiser Wilhelm II. Siehe DG 8, S. 453 f.

10 Über die Senussi und Kelanen s. DG 8, S. 455 f.

11 Ich kann die Herkunft dieses Zitates nicht angeben.

12 Mk 13,22.

13 Die Buchausgabe, für die dieses Vorwort geschrieben wurde, war gegenüber der Erstausgabe in einer Zeitschrift stellenweise berichtigt und verbessert worden.

14 Solov'ev starb dreieinhalb Monate, nachdem er dieses geschrieben hatte.

15 »kleines« Werk nach Lk 16,10; 19,17.

16 Der Artikel ist ein Brief an die Redaktion des »Vestnik Evropy«. Solov'ev hat ihn wenige Wochen vor seinem Tode geschrieben; zu Einzelheiten siehe den Kommentar in DG 8, S. 609 f.

17 5. Juni nach dem russischen Kalender; nach dem gregorianischen Kalender war der deutsche Gesandte in China am 18. Juni 1900 in Peking ermordet worden.

18 Siehe oben, S. 48 f.

19 Die Katastrophe des 1. März 1881: die Ermordung des russischen Zaren Alexanders II.; Bobčinskij und Dobčinskij sind zwei dumme Schwätzer aus Gogol's Komödie »Der Revisor«. Der letzte Satz von Solov'evs Anmerkung spielt auf den Schluss dieser Komödie an.

20 Solov'evs Vater war der berühmte Historiker Sergej Solov'ev, siehe S. 7.

21 »Großvater Kronos«: Vater des Zeus; in der griechischen und römischen Mythologie mit dem Anfang der Geschichte verbunden; der »an Tagen Alte« nach Dan 7,9.

22 Das letzte Schauspiel Ibsens, »Wenn wir Toten erwachen« (1989), trug den Untertitel »Ein dramatischer Epilog«.

23 Solov'ev starb am 31. Juli (13. August) 1900 als Gast des Fürsten S. N. Trubeckoj auf dem Gut der Trubeckojs in Uskoe bei Moskau. Fürst Trubeckoj hat alsbald nach Solov'evs Tod einen Bericht über die letzte Krankheit Solov'evs geschrieben, die am 15. Juli begonnen hatte. Er berichtet hier auch über die letzten Gespräche, die er mit Solov'ev geführt hat.

24 Gemeint ist Solov'evs Artikel »Aus Anlass der letzten Ereignisse«, o., S. 55–60.

25 Fürst S. N. Trubeckoj war der Verfasser der Rezension der »Drei Gespräche«, auf die Solov'ev in jenem Artikel geantwortet hatte.

26 Gemeint ist Solov'evs Gedicht »Der Drache«, DG, Erg.-Bd., S. 280 f. und S. 352. Die im folgenden in Anführungsstriche gesetzten Wendungen stammen aus diesem Gedicht.

27 Die chinesischen Aufständischen, bei uns gewöhnlich »Boxer« genannt, bezeichneten sich selbst als »Faust-Rebellen«.

28 Finnland gehörte seit 1809 zu Russland, hatte aber innerhalb des Russischen Reiches weitgehende Autonomie. Seit 1881 wurde diese Autonomie schrittweise aufgehoben, und es wurde versucht, Finnland und die Finnen zu russifizieren. Solov'ev war ein scharfer Gegner dieser Politik, siehe bes. seine Gedichte »In der Umgebung von Abo« und »Zwei Schwestern« (DG, Erg.-Bd., S. 239 und 277 f.).

29 Siehe hierzu ausführlicher: L. Müller, »Russische Eschatologie«.

30 In der Einleitung zu der schon damals geplanten, aber dann verbotenen, erst 1988 verwirklichten ersten Ausgabe der philosophischen Werke Solov'evs in der Sowjetunion, in Bd. 1, S. 31 f. Über die Vorgeschichte dieser Ausgabe und des Solov'ev-Buches von Lósev berichtet Gulyga in seinem Solov'ev Artikel in der »Literaturnaja gazeta« vom 18.1.1989.

LITERATURVERZEICHNIS

Dieses Verzeichnis ist keine Bibliografie, es enthält nur die in diesem Band zitierten Titel und die dabei benützten Abkürzungen. Die leicht verständlichen Abkürzungen für die biblischen Bücher sind nicht mit aufgenommen. Umfassende Bibliografien finden sich in den Büchern von Ludwig Wenzler, Hans Gleixner, Martin George und Dimitrij Belkin. Alle diese Bücher enthalten auch wertvolle Hinweise zum Verständnis der »Erzählung vom Antichrist«.

B = Buchausgabe der »Drei Gespräche« (s. o., S. 9)

Baedeker = Karl Baedeker: Palestine et Syrie. Quatrième édition. Leipzig–Paris 1912.

Belkin, Dimitrij: Die Rezeption V. S. Solov'evs in Deutschland. Tübinger philosophische Dissertation, 2000.

Brockhaus-Efron = Enciklopedičeskij slovar'. Izdateli F. A. Brokgaus – I. A. Efron. – S.-Peterburg 1890–1907.

Büchmann, Georg: Geflügelte Worte. Der Zitatenschatz des deutschen Volkes. 32. Auflage, Berlin 1972.

DG = Deutsche Gesamtausgabe der Werke von Wladimir Solowjew. Bd. 1–8. – Freiburg und München: Erich Wewel Verlag, 1953–1980. Die auf »DG« folgende Ziffer bezeichnet den Band. – DG, Erg.-Bd. = Deutsche Gesamtausgabe. Ergänzungsband: Solowjews Leben in Briefen und Gedichten, 1977.

Dostoevskij, »Großinquisitor« = Fjodor M. Dostojewskij: Der Großinquisitor. Übersetzt von Marliese Ackermann, hg. und erläutert von Ludolf Müller. – München: Erich Wewel Verlag, 1985.

Dostoevskij, »sobr. soč.« = Fedor Michajlovic Dostoevskij: Sobranie sočinenij v desjati tomach, 1–10. Moskva 1956–58.

Duncan, Alistair: The Noble Sanctuary. London 1972.

George, Martin: Mystische und religiöse Erfahrung im Denken Vladimir Solov'evs. – Göttingen: Vandenhoeck und Ruprecht, 1988.

Gleixner, Hans: Die ethische und religiöse Sozialismuskritik des Vladimir Solov'ev. – St. Ottilien: EOS Verlag, 1986.

Gleixner, Hans: Vladimir Solov'evs Konzeption vom Verhältnis zwischen Politik und Sittlichkeit. System einer sozialen und politischen Ethik. – Frankfurt a. M.–Bern–Las Vegas 1978 (= Regensburger Studien zur Theologie, II).

Gulyga, Arsenij: Die ewige Sonne der Liebe. – In: Vladimir Solov'ev, Der Sinn der Liebe, übersetzt von Elke Kirsten, Hamburg: Felix Meiner Verlag, 1985, S. 87–104.

Gulyga, A. V.: Filosofija ljubvi. – In: Solov'ev, Sočinenija, Bd. 1, S. 33–46.

Gulyga, Arsenij: Putjami Fausta. – Moskva 1987.

Gulyga, Arsenij: Vladimir Sergeevic Solov'ev. – In: Literaturnaja gazeta, 18.1.1989.

Hippolyt = Hippolytus' ... Buch über Christus und den Antichrist. Übersetzt ... von Valentin Gröne. – Kempten 1873.

Irenäus = Sancti Irenaei, episcopi Lugdunensis, quae supersunt omma ... Edidit Adolphus Stieren, tomus I. – Lipsiae, 1853.

Kroll, Gerhard; Auf den Spuren Jesu. 5. Auflage. – Leipzig 1973.

Lohmeyer, Ernst: Die Offenbarung des Johannes. Zweite, ergänzte Auflage. – Tübingen 1953 (= Handbuch zum Neuen Testament, Bd. 16).

Lósev, A. F.: Tvorčeskij pur' Vladimira Solov'eva. – In: Solov'ev, Sočinenija, Bd. 1, S. 3–32.

Lósev, A. F.: Vladimir Solov'ev. – Moskva 1983.

Maceina, Antanas: Das Geheimnis der Bosheit. Versuch einer Geschichtstheologie des Widersachers Christi als Deutung der »Erzählung vom Antichrist« Solowjews. – Freiburg i. Br. 1955.

Müller, Ludolf: Der deutsche Idealismus und die russische philosophische und religiöse Dichtung des 19. Jahrhunderts. – In: Deutsche Dostojewskij-Gesellschaft, Bd. 6, Jahrbuch 1999, S. 7–26.

Müller, Ludolf: Dostojewskij und Tübingen. – Tübingen 1981 (= Skripten des Slavischen Seminars der Universität Tübingen, Nr. 22).

Müller, »Nietzsche und Solovjev« = Ludolf Müller: Nietzsche und Solovjev. – In: Zeitschrift für Philosophische Forschung, 1, 1947, 4, S. 499–520.

Müller, »Protestantismus« = Ludolf Müller: Solovjev und der Protestantismus – Freiburg i. Br. 1951.

Müller, Russ. Eschatologie = Ludolf Müller: Russische Eschatologie zwischen Apokalyptik und Utopismus. – In: Zeit, Endzeit, Ewigkeit.[...] Hg. Von Wolfgang Böhme, Karlsruhe 1987 (= Herrenalber Texte, 78), S. 51–69; auch in: Zeitwende 59, 1988, S. 207–227.

Müller, Ludolf: Ssolowjow und das Judentum. – In: Quatember, 55, 1991, S. 198–203.

Pis'ma s. Solov'ev, »Pis'ma«.

Przebinda, Grzegorz: Apokalipsa Wlodzimier za Solowjowa. – In: Znak 385/5 (1986), S. 54–95 (Übersetzung der »Erzählung vom Antichrist« ins Polnische mit einleitendem Aufsatz).

RG1, RG2 [= »Russische Gesamtausgabe«, 1. und 2. Auflage] = Sobranie sočinenij Vladimira Sergeeviča Solov'eva. 1. Aufl., Bd. 18; 2. Aufl., Bd. 1–10. S.-Peterburg, 1. Aufl., 1903; 2. Aufl., o. J. [1911–1914].

RG3 = Fotografischer Neudruck von RG2, erschienen: Bruxelles: Izdatel'stvo »Zizn's Bogom«, Foyer Oriental Chretien, 1966–1969. Über die zehn Bände von »RG2« hinaus hat diese Ausgabe zwei Ergänzungsbände (Bd. 11 und 12, erschienen 1969 und 1970) mit den Werken Solov'evs, die in RG2 nicht enthalten sind.

RGG = Die Religion in Geschichte und Gegenwart. Dritte Auflage, hg. von Kurt Galling. Bd. 1–6, Registerband. – Tübingen 1957–1965.

Sarkisyanz, Emanuel: Russland und der Messianismus des Ostens. – Tübingen 1955.

Solov'ev, S.: Biografija = Sergej Solov'ev: Biografija Vladimira Sergeeviča Solov'eva. – In: Vladimir Solov'ev: Stichotvorenija. Izd. 6-e. – Moskva 1915, S. 1–57.

Solov'ev, »Pis' ma«, 1, 2, 3, 4 = Vladimir Sergeevič Solov'ev : Pis'ma, Bd. 1–4. – S.-Peterburg – Petrograd 1908–1923.

Solov'ev, V. S.: Polnoe sobranie sočinenij i pisem v dvadcati tomach. Moskva 2000 ff.

Solov'ev, Vladimir Sergeevič: Sočinenija v dvuch tomach. Moskva 1988.

Solov' ev s. auch »Übermensch und Antichrist«.

Strémooukhoff = D. Strémooukhoff: Vl. Solovjev et son oeuvre messianique. – Paris 1935 (Nachdruck, o. O. [Lausanne], o. J. [1976], Verlag »L'Age d'H omme«).

Tolstoj, PSS = Lev Nikolaevič Tolstoj: Polnoe sobranie sočinenij. 1–90. Moskva 1935–1958.

»Übermensch und Antichrist« = Wladimir Solowjew: Übermensch und Antichrist. Über das Ende der Weltgeschichte. Übersetzt von Ludolf Müller. – Freiburg i. Br. 1958.

Weber-Baldamus = Georg Weber: Lehr- und Handbuch der Weltgeschichte. 22. Auflage. Vierter Band: Neueste Zeit. Zweiter Abdruck. – Leipzig 1921.

Wenzler, Ludwig: Die Freiheit und das Böse nach Vladimir Solov'ev. – Freiburg–München: Verlag Karl Alber, 1978.

Zander, Leo: Professor Ernst Pauli. Ein theologisches »quasi una fantasia«. – In: Ökumenische Rundschau, 1963, 2/3, S. 172–185.

ZS = Zeitschriftenfassung eines Werkes von Solov'ev.

ALPHABETISCHES REGISTER

(Nur die wichtigeren theologischen Stichworte sind aufgenommen. Das Literaturverzeichnis S. 121 und die Literaturhinweise in den Anmerkungen sind nicht berücksichtigt.)

INHALTSVERZEICHNIS